Rüdiger Dingemann – Renate Lüdde

WELT EDITION

60 Jahre Deutschland

Reise und Verkehr

Mit Auto, Flugzeug oder Bahn

1949–2009

Am Anfang waren die Bordsteine noch leer, die Nummernschilder schwarz und die Ampeln weder rot noch gelb oder grün – weil es sie praktisch nicht gab. Stattdessen glänzten nach Regengüssen tiefe Pfützen in den Katzenköpfen-Straßen. Und heute? Heute rechnet nach einer verunglückten Pauschalreise kein Gericht mehr an, dass schon der Flug als besonderes Urlaubserlebnis zu verbuchen sei.

Mit dem Flugzeug, mit der Bahn, vor allem aber mit dem Auto hat es Deutschland weit gebracht. Nach einer kurzen Übergangszeit, in der die Motorisierung mit Rollern, Mopeds und Motorrädern begann, ist das Auto bis heute die wichtigste Investition deutscher Privathaushalte geblieben. Im Osten kreidete man es der DDR-Führung stark an, dass sie die Autoindustrie planwirtschaftlich klein gehalten hat – obwohl es anfangs großartige Konstrukteure, funktionierende Fabriken und konkurrenzfähige Prototypen gab.

Mit Autos, mit Straßen und Autobahnen kam die Bundesrepublik auch wirtschaftlich ins Rollen – die Autoindustrie und ihre Zulieferer stellen heute über die Hälfte aller Arbeitsplätze. Die Sehnsucht der Deutschen nach Unabhängigkeit, Weite und nach der Freiheit, mit einem Käfer, einem Borgward Lloyd oder einem Mercedes über die Alpen nach Italien zu fahren, ist heute zwar ernüchtert. Es sitzen inzwischen doch viele Deutsche nur deshalb hinterm Steuer, weil sie es müssen. Aber der Großteil schreibt und fährt begeistert, überzeugt und manchmal auch leidensfähig die deutsche Kulturgeschichte des Autos fort: von der Dreirad-Isetta über die amerikanischen Straßenkreuzer-Imitationen der 70er Jahre bis zu den deutschen Weltstandards Golf-Klasse und S-Klasse von Mercedes.

Thomas Delekat
Chefreporter der »Welt«

BUCHER

WORPSWEDER KUNSTSCHAU
AE 21-050

50ER JAHRE

Von Käfern, Leukoplastbombern und Rennpappen

»Pack die Badehose ein« oder
»Komm ein bisschen mit nach Italien«

»Wer den Tod nicht scheut, fährt Lloyd«, riefen Spötter dem vierrädrigen Wirtschaftswunder hinterher. Typ »LP 300« (im Bild) mit 10 PS und 2 Zylindern fuhr eine Spitzengeschwindigkeit von 75 km/h; er wurde von 1950 bis 1952 gebaut. Die Karosserie des 50er-»Ur-Lloyds« bestand aus Holz mit überzogenem Kunstleder.

»Über die zumeist sträflich vernachlässigten Landstraßen der Sowjetzone fahren Kraftfahrzeuge der verschiedensten Typen, von denen man glauben sollte, sie seien schon längst ausgestorben.«

DIE WELT, 13.07.1954

Die Familie der Motorroller bekam einen größeren Bruder: Der Kabinenroller – Spitze 75 km/h, 9 PS und bloß 2375 DM – verband die Ähnlichkeit zum Kleinwagen mit der Wirtschaftlichkeit eines Motorrollers herkömmlicher Art.

Im aufgelockerten Stadtbild der 50er Jahre wirkte sich der in den Kinderschuhen steckende motorisierte Individualverkehr noch nicht störend aus. Am Ende dieses Jahrzehnts besitzen gerade mal 64 von 1000 Einwohnern einen Pkw. An den Kreuzungen standen Glaskanzeln, von denen aus weiß behandschuhte Polizisten mit Armzeichen den Verkehr regelten. Beim Abbiegen klappte damals noch der Winker aus der Karosserie.

In der Nachkriegszeit waren Fahrrad und Straßenbahn die üblichen Fortbewegungsmittel; auf dem Land der Postbus und der Nahverkehrszug. Der rapide wachsende Wohlstand förderte binnen Kurzem die Massenmotorisierung. Um dem stark zunehmenden Straßenverkehr gerecht zu werden, bevorzugten Kommunalverwaltungen, die existierenden alten Straßenbahnnetze stillzulegen, da man in den Gleiskörpern ein erhebliches Hindernis des Autoverkehrs sah. So verschwanden beispielsweise nach und nach in West-Berlin (die Linie 55 fuhr als letzte bis zum Oktober 1967) und Hamburg alle Straßenbahnen aus der Stadtszenerie.

Verkehrslärm empfand man damals nicht als Belästigung. Es war der tolle Sound des Fortschritts, so klangen Lebensfreude und Leistungsstolz. Otto Normalverbraucher legte sich krumm für den Kauf zunächst eines Mopeds, dann eines Kleinstwagens, dann eines Käfers.

DAS MOTORISIERTE ZWEIRAD UND KLEIN(ST)WAGEN

In den 50ern konnte sich bald jedermann wenigstens einen Roller leisten. Zu den beliebtesten, weil preisgünstigsten Modellen zählte die Vespa, die seit 1950 vom rheinländischen Fabrikanten Hoffmann in Lizenz gebaut wurde und 1200 DM kostete. Der Ein-Zylinder-Zweitaktmotor hatte 4,5 PS, damit brachte man es höchstens auf 70 km/h.

Der Heinkel-Roller Tourist hatte mit seinem Ein-Zylinder-Viertaktmotor etwas mehr als die doppelte PS-Zahl; er war selbst bei Motorsportlern gefragt und eignete sich mit einer Höchstgeschwindigkeit von 80 km/h sogar für etwas längere Reisen. Als erfolgreichster deutscher Rollerhersteller gilt die Firma Zündapp. Das Modell Bella war eine eigenständige Entwicklung und galt lange Zeit als modernster Rollertyp: Zwischen 1953 und 1964 wurden in Nürnberg und München 130 000 Stück produziert.

Auch der Osten hatte sein Zweirad: Im thüringischen Suhl wurde seit 1955 das erste DDR-Moped Simson SR1 in Serie gefertigt. Der 1,5-PS-Motor sprang erst an, wenn man das Gerät in den Farben Marron, Hechtgrau oder Lindgrün einige Meter fahrradmäßig per Pedal fortbewegt hatte.

Kartoffelkisten, Kohlesäcke, das ganze Hab und Gut wurde auf Kleinstfahrzeugen transportiert: Lastenroller oder Dreiräder der Marke Tempo oder Goliath sind aus dem Erscheinungsbild der frühen 50er Jahre nicht wegzublenden. Heute denken wir bei den Fahrzeugen dieses Jahrzehnts aber vor allem an die drolligen, drei- bzw. vierrädrigen Kabinenroller, die mit dem Motorradführerschein gefahren werden durften. Der Volksmund hatte liebevolle Spottnamen für diese Gefährte: »Leukoplastbomber«, »Schneewittchensarg«, »Käseglocke«, »Knutschkugel«. Der Bremer Automobilhersteller Lloyd baute in den frühen 50er Jahren noch Karosserien aus mit Kunstleder bezogenem Sperrholz. Im Zündapp Janus, einer knatternden Blechbüchse, saßen die Passagiere Rücken an Rücken. Dennoch bescherten all diese Gefährte der deutschen Fahrzeugindustrie einen zukunftsträch-

Dienstag, 13. Juli 1954 — DIE WELT — H — Nr. 159 — Seite 3

DEUTSCHLAND
NACHRICHTEN

BONN — Gaither beim Kanzler

Der amerikanische Hohe Kommissar, Conant, stellte Bundeskanzler Adenauer am Montag den Präsidenten der Ford-Stiftung, Gaither, vor. Er hält sich gegenwärtig in Deutschland auf. Es wird angenommen, daß auch der Stand der Londoner Beratungen über die Rückgabe der Souveränität an die Bundesrepublik erörtert wurde.

STETTIN — 765 Umsiedler

Im Umsiedlungslager Stettin trafen im Juni 765 ältere und arbeitsunfähige Deutsche aus den jetzt polnisch verwalteten deutschen Ostgebieten ein. Sie wurden zu ihren in der Sowjetzone lebenden Familienangehörigen weitergeleitet. Seit Oktober 1953 sind rund 5300 Deutsche umgesiedelt worden.

KARLSRUHE — FDJ-Verbot

Am kommenden Donnerstag wird der Erste Senat des Bundesverwaltungsgerichtes entscheiden, ob die Freie Deutsche Jugend (FDJ) nach Artikel 9 des Grundgesetzes in der Bundesrepublik verboten ist. Der Senat, der seinen Sitz in Berlin hat, verhandelt im Gebäude des Bundesgerichtshofes in Karlsruhe über einen Antrag der Bundesregierung.

BONN — Bundesbaugesetz

Der Entwurf eines Bundesbaugesetzes wird gegenwärtig in Bonn vorbereitet. Bereits in der ersten Legislaturperiode hatte der Bundestag die Regierung zweimal aufgefordert, ein derartiges Gesetz vorzulegen. Verfassungsrechtliche Bedenken konnten inzwischen durch ein Gutachten des Bundesverfassungsgerichtes beseitigt werden.

Die Jugendlektüre im Kreuzfeuer

Bonn, 12. Juli (UP—DW)

Revolverhelden, Naturburschen und Meisterdetektive, die Inhalt und Bilder der zahllos in Deutschland verbreiteten Groschen-Romane füllen, standen in der ersten Arbeitssitzung der kürzlich errichteten unabhängigen Bundesprüfstelle für jugendgefährdende Schriften zur Diskussion. In den meisten dieser zweifelhaften Heldenepen sieht das Bundesinnenministerium eine Quelle sittlicher Gefährdung. Dennoch folgte die Prüfstelle seinem Antrag, diese Schriften auf die Jugendverbotsliste zu setzen, nur zum Teil.

Die Beratungen darüber gingen über den eigentlichen Gegenstand weit hinaus. Die zu klärenden Fragen erwiesen sich als ebenso umstritten wie das im Juni 1953 vom Bundestag gebilligte Schund- und Schmutzgesetz. Allerdings waren sich auch die Abgeordneten des Bundestags darüber klar, daß der Begriff der sittlichen Gefährdung nur schwer abzugrenzen ist. Auch der Gesetzestext ließ seine endgültige Definition offen. Die Auslegung wurde der Bundesprüfstelle überlassen, der man damit die Möglichkeit gab, in Fällen von geringerer Bedeutung mit dem Verdammungsurteil zurückhaltender zu sein.

Verteidiger dieser Gattung von Druckwerken führen an, daß die vorhandenen Bedürfnisse nach nervenaufpeitschender Lektüre nun einmal hingenommen werden müßten. Sie sind sogar der Meinung, daß sie geeignet sind, die Widerstandskraft der Jugendlichen gegenüber solchem „Schrifttum" rechtzeitig zu stärken. Das Bundesinnenministerium wie auch die meisten Abgeordneten des Bundestages vertreten demgegenüber die Auffassung, daß man vor einer solchen Zeiterscheinung nicht kapitulieren sollte. Sie sind der Ansicht, daß eine Erziehung ohne feste sittliche Maßstäbe unmöglich ist.

Welches aber sind diese Maßstäbe? Mit dieser Frage steht die Bundesprüfstelle, der Vertreter aus allen Bereichen des öffentlichen Lebens angehören, vor ihrem schwersten Problem. Zu einer gültigen Entscheidung ist sie noch nicht gekommen. Die Auslegung des Begriffes „sittliche Gefährdung" geht bei ihren Mitgliedern weit auseinander, weil einfach noch nicht feststeht, was Sittlichkeit unter allen Umständen zu sein hat.

Kirchentagsgäste abgereist

Berlin, 12. Juli (AP—dpa)

Trotz der Hochwassergefahr im Raum Leipzig haben die meisten Teilnehmer des Deutschen Evangelischen Kirchentages bis Montag in Sonderzügen die Heimreise angetreten. Nach einer Meldung der sowjetzonalen Nachrichtenagentur ADN konnten durch Umleitung etwa 50 Sonderzüge die Messestadt verlassen. Der schwedische Bischof Cullberg, der als Vertreter der Ökumene auf der Schlußveranstaltung sprach, richtete bei seiner Abreise ein Dankschreiben an das Kirchentagspräsidium. „Wo hört man riesige Menschenmengen und kleine Gruppen so froh zusammen singen?" schreibt der Bischof. Er schließt mit den Worten: „In der Tat — eine Kirche, die sich so manifestiert, kann fröhlich sein in Hoffnung."

Arnold verhandelt weiter

Von unserem Korrespondenten

Kl. **Düsseldorf**, 12. Juli

Die Entscheidung über eine Koalitionsregierung in Nordrhein-Westfalen ist am Montag noch nicht gefallen. Die zwischen Ministerpräsident Arnold und der CDU-Landtagsfraktion geführten Besprechungen wurden ergebnislos abgebrochen. Die Verhandlungen Arnolds sollen sowohl mit der SPD als auch mit der FDP fortgeführt werden. Arnolds Bericht über die Ergebnisse der bisher geführten Verhandlungen mit diesen Parteien wurden von der CDU-Fraktion gebilligt.

Front gegen SPD und BHE

Frankfurt a. M., 12. Juli (dpa)

CDU und FDP wollen nach einem von ihnen erhofften Wahlsieg bei der hessischen Landtagswahl im November über eine Regierungskoalition mit Dritten nur gemeinsam verhandeln. Die Führung des Wahlkampfes soll das Ziel, eine Landesregierung aus FDP und CDU zu bilden, nicht beeinträchtigen. Dies gaben die Vorsitzenden der FDP und der CDU in Hessen, Fay und Euler, in Frankfurt bekannt. Es wird eine Landesregierung ohne SPD und BHE angestrebt. Den Wahlrednern der CDU und der FDP soll es verboten sein, mit den Begriffen Konfessionsschule und christliche Gemeinschaftsschule Propaganda zu machen.

Wer fährt heute in der Sowjetzone Auto?

Der Privatmann hat nur wenig Chancen

Drei Wagen für einen Regierungsfunktionär

Opel P 4 und Adler Trumpf werden allmählich verdrängt

*

Ein Wagen vom Typ IFA 9 kostet 11 000 Ostmark

*

Helden der Arbeit dürfen ein Auto „in persönliche Pflege nehmen"

Von unserem Korrespondenten

Berlin, 12. Juli

Über die zumeist sträflich vernachlässigten Landstraßen der Sowjetzone spuren Kraftfahrzeuge der verschiedensten Typen, von denen man glauben sollte, sie seien schon längst ausgestorben.

Ihr Durchschnittsalter beträgt, gering gerechnet, fünfzehn und mehr Jahre. Aber sie rollen. Sie sind gleichzeitig das getreue Spiegelbild der Möglichkeiten, über die Privatleute ohne Bindung an irgendwelche Organisationen in der Sowjetzone verfügen.

Wenn sie genügend Geld hätten, könnten sie sich in den staatlichen HO-Geschäften einen neuen Wagen kaufen, beispielsweise einen IFA F 9. Er kostet 11 000 Ostmark. Seit einiger Zeit kann er auch über ein Teilzahlungssystem erworben werden. Aber welcher Privatmann ist in der Lage, 11 000 Ostmark bar auf den Verkaufstisch zu legen oder 25 Prozent der Summe anzuzahlen und den Rest in sechs oder zwölf Monatsraten abzustottern? Im allgemeinen ist dies, rein rechnerisch, nicht einmal den im Leistungslohn stehenden Spitzenverdienern möglich. Dennoch verdrängen, wenn auch sehr langsam und kaum augenfällig, die Autos der sowjetzonalen Nachkriegsproduktion den klappernden Opel P 4 oder den Adler Trumpf Junior aus den Baujahren um 1936.

Nur geringe Produktion

Die Produktion der Eisenacher Motorenwerke und der beiden enteigneten Zwickauer Werke von Horch und Audi, die allein in der Sowjetzone Personenwagen herstellen, ist allerdings gering und die staatlichen Anforderungen sind sehr groß. Daher ist der einzelne kaum in der Lage, zur Verjüngung und Modernisierung des mitteldeutschen Pkw.-Bestandes beizutragen. Von 1945 bis April 1954 dürften schätzungsweise etwas mehr als 40 000 Personenwagen in drei verschiedenen Typen hergestellt worden sein. Der größte Teil wurde an die Sowjets oder an die Volkspolizei geliefert oder exportiert.

Parteien und Massenorganisationen erhalten noch heute Bezugscheine und beziehen die Wagen direkt von der Fabrik. Ein Arzt kann in seltenen Fällen ein Auto über seine Gewerkschaft erhalten. Der Privatmann jedoch ist auf den staatlichen HO-Industrieladen angewiesen; denn einen Automarkt für gebrauchte Wagen gibt es praktisch nicht. Unter diesen Umständen läßt sich die Gruppe der in der Sowjetzone lebenden Besitzer eines eigenen Wagens in drei Kategorien einteilen. Da sind zunächst die Regierungsfunktionäre, die zumeist über drei verschiedene Autos verfügen. Einen haben ihnen, sofern sie zur Garde der obersten 1500 zählen, die „sowjetischen Freunde" geschenkt. Es sind dann stets chromblitzende, lackglänzende SIS-Limousinen.

Das zweite stellt ihnen die Regierung zur Verfügung. Denn jeder Staatsfunktionär, der nur etwas auf sich hält, begibt sich fast nur mit dem Personenwagen auf eine Dienstreise. Fahrten mit der nicht allzusehr auf Pünktlichkeit bedachten Eisenbahn würden den ganzen Zeitplan durcheinanderbringen. Um nun das Viertel Dutzend voll zu machen, stellen sich viele Minister, Staatssekretäre und Hauptabteilungsleiter noch einen BMW, der jetzt EMW heißt, oder einen DKW, der nun den Namen IFA trägt, in ihre private Garage. In den meisten Fällen sind diese Wagen von Belegschaften volkseigener Betriebe anläßlich einer „gemeinsamen Aussprache, die in der Abgabe freiwilliger Verpflichtungen zur Produktionserhöhung ihren Ausdruck fand", den Regierungsangestellten als persönliches Geschenk übergeben worden.

Die meisten Unfälle

Als zahlenmäßig stärkste Kategorie beleben die mittleren und gehobenen Funktionäre der sowjetzonalen Parteien und Massenorganisationen den Autoverkehr. Sie verursachen auch die meisten Unfälle. Die Wagen gehören aber selten den Funktionären selbst. Sie sind sozusagen Volkseigentum. Aber wehe, wenn ein Unberufener auf den naheliegenden Gedanken kommen sollte, das Auto etwa für sich zu beanspruchen. Er würde wegen Verstoßes gegen das Gesetz zum Schutz des Volkseigentums vor Gericht gestellt. Volkseigentum gehört immer den andern: den Funktionären.

Die einzigen, die sich praktisch ungetrübt des Besitzes eines eigenen Wagens neuerer Produktion erfreuen, sind die mit Orden, Medaillen und Prämien ausgezeichneten Angehörigen der Intelligenz oder der Aktivistenbewegung. Kein volkseigener Betrieb läßt sich die Ehre rauben, einen aus seiner Belegschaft hervorgegangenen verdienten Erfinder des Volks oder einen Helden der Arbeit noch zusätzlich mit einem Auto auszuzeichnen, das der Betreffende dann „in persönliche Pflege nehmen" darf.

Verdiente Aktivisten kaufen sich auch, wenn es ihnen angebracht erscheint, von ihren doppelten und dreifachen Prämien in der HO einen Wagen, ohne dabei — wie zum Beispiel Privatpersonen, die keine solchen Arbeitserfolge aufweisen können — Gefahr zu laufen, genauen Nachweis über die Herkunft des Kaufgeldes führen zu müssen. Die bis ins kleinste reglementierte Verteilung der Autoproduktion gibt auch heute noch, im Zeichen des sogenannten neuen Kurses, dem Privatmann nur eine ganz geringe Chance. Sein Anteil am Pkw.-Bestand der Sowjetzone dürfte noch nicht einmal vierzehn Prozent betragen.

Wolfgang Weinert

Diese Trachtengruppe aus dem Wenden-Sorben-Gebiet nahm in ihren malerischen Kleidungen am Leipziger Kirchentag teil. Foto: UP

Hoffmann wieder Saar-Regierungschef

Saarbrücken, 12. Juli (AP)

Der bisherige saarländische Ministerpräsident Hoffmann wurde am Montagnachmittag vom Saarländischen Landtag erneut und damit zum vierten Male seit 1947 zum Ministerpräsidenten gewählt. Für Hoffmann stimmten die 28 Abgeordneten der Christlichen Volkspartei, während sich die anwesenden sozialdemokratischen Abgeordneten der Stimme enthielten und die drei Kommunisten gegen Hoffmann stimmten.

Hoffmann war mit seiner Regierung in der Nacht zum 8. Juli zurückgetreten, nachdem die SPS in einer voraufgegangenen Landtagssitzung die Zustimmung zum Betriebsverfassungsgesetz verweigert hatten. Die CVP sah dadurch die Grundlagen für die Aufrechterhaltung der Koalition mit der SPS als nicht mehr gegeben an.

Neun Parteien - ein Kandidat

Nachrichtendienst der WELT

Bonn, 12. Juli

Die Parteienzusammensetzung der Bundesversammlung, die am 17. Juli in Berlin den Bundespräsidenten wählt, steht jetzt fest. Außer den 509 Abgeordneten des Bundestages gehören der Versammlung 509 Delegierte an, die von den neun Landtagen und dem Westberliner Abgeordnetenhaus nominiert wurden. Die Parteien sind wie folgt vertreten: CDU/CSU 420, SPD 347, FDP 112, BHE 61, DP 25, BP 15, Zentrum 14, KPD 10, Hamburg-Block (CDU/FDP/DP/BHE) 9, Fraktionslose 5.

Mit Ausnahme der Kommunisten haben alle Parteien beschlossen, dem einzigen Kandidaten für die Bundespräsidentenwahl, Theodor Heuss, ihre Stimme zu geben. Die Haltung der Fraktionslosen ist im einzelnen nicht bekannt.

Kein Preisdumpig mehr

Eigenbericht der WELT

Berlin, 12. Juli

Das Preisdumping der sowjetzonalen Reichsbahn auf dem Westberliner Fernbahnhof Zoo wird am 15. Juli beendet. Von diesem Tag an verkaufen auch die DER-Reisebüros in Westberlin Auslandsfahrkarten zu einem verbilligten Preis. Dies ist das Ergebnis von Verhandlungen zwischen der Bundesbahn und den Sowjetzonenbehörden. Die Verhandlungen waren notwendig geworden, weil die sowjetzonale Eisenbahn seit einiger Zeit bei der Berechnung der Auslandsfahrkarten einen Dollarkurs von 2,20 statt 4,40 DM zugrunde legte. Auf diese Weise waren die Fahrkarten nur halb so teuer wie bei den Westberliner Reisebüros. Zweck des Preisdumpings war der Wunsch der Sowjetzone, zusätzlich Westmark einzunehmen.

400 000 Schlesier am Main

Von unserem Korrespondenten

R. M. **Frankfurt a. M.**, 12. Juli

Für vier Tage wird die Rhein-Main-Metropole Frankfurt am kommenden Wochenende eine „Millionenstadt" sein. Rund 400 000 Schlesier aus dem ganzen Bundesgebiet werden zu dem großen Bundestreffen der Schlesier vom 15. bis 18. Juli am Main erwartet. Höhepunkt dieser Zusammenkunft aller schlesischen Landsmannschaften wird eine große Kundgebung am 18. Juli auf dem Messegelände sein, auf der die Bundesminister Kaiser und Oberländer sprechen werden.

Ollenhauer als Hauptredner

Berlin, 12. Juli (dpa-UP)

Drei Tage nach der Bundespräsidentenwahl beginnt am 20. Juli in Berlin der diesjährige SPD-Bundesparteitag. Ihm wird besondere Bedeutung beigemessen, weil führende Parteipolitiker nach der letzten Bundestagswahl offen für eine Überprüfung des Parteiprogramms eintraten. Über hundert Anträge liegen hierzu vor.

Prominente Gäste aus dem Ausland sind: der Führer der Labour-Opposition, Attlee, der schwedische Ministerpräsident Erlander und wahrscheinlich der belgische Außenminister Spaak sowie der dänische Ministerpräsident Hedthoft. Der Parteivorsitzende, Ollenhauer, wird am 21. Juli über das Thema „Die Einheit Deutschlands und die Einigung Europas" referieren. Bis zum 24. Juli sollen unter anderem die Anträge der Landesverbände diskutiert werden.

Wird Peking hoffähig?

Von Hans Steinitz, New York

UNO-Zulassung: der alte Streit

Tauziehen USA – England

Amerika droht

Churchill und Eden schwammen noch an Bord der „Queen Elizabeth" auf dem Atlantik, auf der Heimreise von ihren Washingtoner Besprechungen, als die Krise der englisch-amerikanischen Beziehungen neue scharfe Formen annahm. Der Anlaß dazu war die fünf Jahre alte Streitfrage über die Zulassung Rotchinas zur UNO, an Stelle der Regierung Tschiang Kai Schek, die zwar nur noch auf der Insel Formosa herrscht, aber nach wie vor in der UNO den Sitz Chinas einnimmt. Diese Frage droht sowohl die USA und England auseinanderzubringen, als auch den Vereinten Nationen den Todesstoß zu versetzen.

Die englische Regierung vertritt die These des friedlichen Nebeneinanderlebens mit dem kommunistischen Teil der Welt, wenn auch unter gehöriger Wachsamkeit und Verteidigungsbereitschaft der Freien Nationen. Die amerikanische Regierung hat sich, widerstrebend und mit mancherlei Einschränkungen, ebenfalls zu dieser Politik entschließen müssen, weil sie die einzige Alternative, die des aktiven und möglicherweise präventiven Krieges gegen die kommunistischen Staaten, nicht akzeptieren kann.

Die logische Folge der „Koexistenz" ist aber eine nüchterne Anerkennung der tatsächlichen Machtverhältnisse und damit auch die diplomatische Anerkennung der chinesischen Volksrepublik und ihre Zulassung zu den Vereinten Nationen, unabhängig davon, ob man die Pekinger Regierung und ihre Politik gutheißt oder nicht. Diese Schlußfolgerung hat Washington niemals gezogen. Denn in Amerika schwingt bei der diplomatischen Anerkennung eines Landes immer ein moralisches und gefühlsmäßiges Motiv mit: Nach der Tradition der amerikanischen Diplomatie bedeutet die diplomatische Anerkennung zugleich eine politische Billigung des Regimes oder wenigstens seiner Legitimität. Für die Aufnahme Rotchinas in die UNO zu stimmen, wäre in den Augen der meisten Amerikaner heute gleichbedeutend mit einer Kapitulation vor dem Kommunismus, Verrat an dem alten Freund Tschiang Kai Schek, indirekte Ermutigung Mao Tse Tungs zu weiteren Aggressionen und einer Preisgabe ganz Ostasiens an den Kommunismus.

Seit dem Einzug der chinesischen Kommunisten in Peking im Jahre 1949 hat Washington stets die Ansicht vertreten, daß die „legale" Regierung Chinas nach wie vor die Regierung Tschiang Kai Schek ist. Die Länder, die aus realistischen Gründen Peking anerkannten, wurden in Washington mehr oder weniger als „Beschwichtiger" angesehen, obwohl die Mehrheit dieser Länder, vor allem England und die skandinavischen Staaten, immer die Auffassung vertreten hatten, daß eine Zulassung Rotchinas zur UNO während der Dauer des koreanischen Krieges nicht in Betracht kam. Die UNO hatte Peking bei Beginn des Koreakrieges als Angreifer verurteilt. Aber der koreanische Krieg ist nun beendet. Deshalb kann die Aufnahme Pekings in die UNO kaum auf unabsehbare Zeit hinausgezögert werden.

Für die Aufnahme genügt an sich ein rein geschäftsordnungsmäßiger Vorgang. Jedes UNO-Organ prüft selbständig die Akkreditierungsschreiben seiner Mitglieder. Die im Herbst zusammentretende Vollversammlung brauchte also nur statt der Akkreditierung des Vertreters der Formosa-Regierung die eines kommunistischen Vertreters zu akzeptieren. Kampfabstimmungen über diese Frage hat es seit 1949 ständig gegeben, wobei die für Peking stimmenden Nationen immer zahlreicher wurden. Anfangs war es nur der kleine kommunistische Block, dann kamen die asiatischen Neutralen, Indien, Burma und Indonesien dazu, dann Jugoslawien und verschiedene Länder Vorderasiens. Sollten im Herbst auch England und Frankreich die Front wechseln, dann ist es durchaus möglich, daß sich eine Mehrheit für Rotchina findet.

Die USA wollen eine derartige Entwicklung mit allen Mitteln verhindern. Sie bestreiten, daß eine einfache Mehrheit genügt, und verlangen eine Zweidrittel-Mehrheit, die sie leicht vereiteln können. Der republikanische Fraktionsvorsitzende im Senat, Knowland, hat erklärt, daß er sein Amt niederlegen und mit allen Kräften für das Ausscheiden der USA aus der UNO eintreten wird, falls Rotchina an die Stelle der Formosa-Regierung tritt. Der Fraktionsführer der Demokraten hat ihm beigepflichtet und erklärt, daß in einem solchen Fall das amerikanische Volk viel von seiner Sympathie für die Weltorganisation einbüßen wird. Präsident Eisenhower und Außenminister Dulles haben sich zwar gegen einen amerikanischen Austritt aus der UNO gewandt, aber betont, daß sie eine Aufnahme Pekings niemals kampflos hinnehmen werden.

Auf jeden Fall ist die Abneigung gegen eine Konzession an Rotchina im amerikanischen Volk tief verwurzelt. Man hat deshalb an den Ausweg gedacht, beide chinesischen Regierungen in den Vereinten Nationen anzuerkennen und den ständigen Sitz im Sicherheitsrat, der jetzt von Tschiang Kai Schek besetzt ist, Indien zu übertragen. Dafür wäre aber eine Satzungsänderung erforderlich, weil China als fünfte Großmacht im Sicherheitsrat vertreten sein muß. Eine solche Satzungsänderung könnte von Nationalchina durch ein Veto verhindert werden. Es gibt also kaum einen Ausweg aus dem Dilemma. Man muß mit einem heftigen Endkampf rechnen, der die Sitzungsperiode der Vollversammlung beherrschen wird und die künftige Einstellung Amerikas zur UNO und zu seinen westlichen Verbündeten entscheidend beeinflussen kann.

Im Spiegel der Presse

Gespräche in der Sowjetzone

Der Sonderkorrespondent der „Neuen Zürcher Zeitung" faßt seine Eindrücke zusammen, die er bei Begegnungen während des Leipziger Kirchentages hatte:

Der Haupteindruck, den der Besucher vom Kirchentag gewann, war der, daß die Evangelische Kirche in Deutschland eine nicht zu überwindende Kraft darstellt. Im Gespräch mit den einfachen Menschen erhielt man den Eindruck, daß die seelische Widerstandskraft der Bevölkerung der deutschen Sowjetzone ungebrochen ist. Die Existenz der Bundesrepublik und des freien Berlins bedeutet für sie eine Quelle moralischer Kraft. Sie weiß, daß es für sie im äußersten Fall einen Weg in die Freiheit gibt, daß sie ausweichen kann, wenn es nicht mehr weitergeht. Man macht sich im Westen kaum eine Vorstellung davon, welche Statur zum Beispiel Bundeskanzler Adenauer in der Vorstellung der Ostdeutschen besitzt.

Gerade im Gespräch mit Christen macht man immer wieder die frappierende Feststellung, daß sich die moralischen und politischen Energien viel mehr gegen das Regime Grotewohl als gegen die russische Besatzungsmacht richten. Zur Bezeichnung der deutschen Exponenten Moskaus wie Grotewohl und Ulbricht hat sich der ursprünglich von Westberlin geprägte Ausdruck „Vorgartenzwerge" sehr eingebürgert.

Zusammenfassend kann man sagen, daß die Stimmung unter den Deutschen im unfreien Teil des Landes seit dem negativen Ausgang der Berliner Konferenz gedrückter ist. Viele Illusionen mußten über Bord geworfen werden. Dafür sind die Deutschen der Sowjetzone jetzt besser gegen stimmungsmäßige Rückschläge gewappnet.

Deutsche unerwünscht?

In der Stadt des Märchendichters H. C. Andersen, Odense, wurde ein Hotel eröffnet, das dänischen Pressemeldungen zufolge keine Deutschen aufnimmt. „Roskilde Dagblad" schreibt dazu:

Jeder, der im Deutschland der Nazizeit die schrecklichen Plakate mit der Inschrift „Kein Zutritt für Juden" und „Juden unerwünscht" gesehen hat, muß mit Grauen an diese Barbarei zurückdenken. Wenn wir daher heute Schilder mit der Inschrift „Deutsche unerwünscht" anbringen, so ist das ein trauriges Zeichen dafür, daß Hitler trotzdem einen Sieg davongetragen hat. Dann sind also auch wir von seinem Gift infiziert worden. Halten wir daher auf Sauberkeit im eigenen Haus und scheren wir nicht alle über einen Kamm. Sonst enden wir dort, wo die Unmenschlichkeit beginnt.

Mit der von einem Teil der dänischen Presse an deutschen Touristen geübten Kritik befaßt sich das Regierungsblatt „Social-Demokraten":

Ich habe Berichte gelesen, wie entsetzlich sich Dänen in Paris aufführen, aber kein Wort über unsere Touristenmanieren in Deutschland. Vielleicht ist es zuviel verlangt, daß wir Dänen den Deutschen gegenüber Takt beweisen sollen, nachdem wir die Besetzung erlebt haben. Können wir das nicht, dann laßt es bleiben. Unterlaßt dann aber auch, allzu laut über Taktlosigkeit anders zu reden.

„Ungezogen gegen Arbeitsuchende"

Die in Köln erscheinende Wochenzeitung des Deutschen Gewerkschaftsbundes „Welt der Arbeit" führt Klage über die Behandlung Arbeitsuchender durch manche Personalabteilungen:

Die Einstellung einer Arbeitskraft ist heute in vielen Fällen nicht mehr ein eindeutiger Handel — bestimmte Arbeitsleistung gegen entsprechende Bezahlung —, sondern wird zu einer Art „Gnadenakt", zu einer Art „Machtdemonstration". So erklären beispielsweise drei ältere Angestellte übereinstimmend, daß sie bei Vorstellungen im Durchschnitt mindestens eineinhalb Stunden warten mußten, bis der zuständige Herr sich ihrer annahm. Nur in wenigen Fällen wurden sie überhaupt begrüßt. Wenn ihnen ein Stuhl angeboten wurde, dann war das eine Ausnahme. Sie sagten, es käme ihnen bald so vor, als seien sie Bettler.

Fest steht jedenfalls, daß sehr viele Personalchefs oder ihre Mitarbeiter sich ungezogen gegen Arbeitsuchende benehmen. Es gibt beispielsweise in Köln eine Firma, die den Stellungsuchenden einen Fragebogen mit 65 zum Teil sehr intimen Punkten ausfüllen läßt, bevor er überhaupt nur ein Wort über seine Chancen gehört hat. Eine Firma im Siegerland läßt bei arbeitsuchenden Frauen, auch bei unverheirateten, Schwangerschaftsuntersuchungen vornehmen. Erst wenn das Ergebnis der Untersuchung vorliegt, wird über Einstellung oder Nichteinstellung entschieden.

Diesellokomotive fährt 140 km/st

Eine moderne 1600-PS-Diesellokomotive wurde nach erfolgreichen Probefahrten von einer Kieler Maschinenfabrik vorgestellt. Die Lokomotive besitzt zwei komplette Maschinenausrüstungen von je 800 PS Leistung und erreicht eine Höchstgeschwindigkeit von 140 km/st. Sie wiegt 74 Tonnen und ist fast 16,5 Meter lang. Foto: dpa

Streitobjekt: Zwei in einem Boot

Bundestagsausschuß begann mit der Beratung über das Eherecht

Nachrichtendienst der WELT

Bonn, 12. Juli

Soll in der Ehe Gütergemeinschaft oder Gütertrennung herrschen? Diese Frage wurde am Montag im Rechtsausschuß des Bundestags von Fachleuten heftig diskutiert, als mit einer öffentlichen Sitzung die Beratungen über die Gleichberechtigung von Mann und Frau begannen. Die im Grundgesetz festgelegte Gleichberechtigung ist nach einer Entscheidung des Bundesverfassungsgerichts seit dem vergangenen Jahr geltendes Recht. Da jedoch noch keine Ausführungsgesetze vorhanden sind, befinden sich die Gerichte in einer schwierigen Situation. Zur Ausfüllung der Lücke haben die Bundesregierung, die SPD und die FDP eigene Gesetzentwürfe eingereicht.

Mit diesen Entwürfen hat sich nun der Ausschuß zu beschäftigen. Wie der Ausschußvorsitzende, Hoogen (CDU), mitteilte, sollen die Beratungen möglichst bis Ende November abgeschlossen werden, damit ein Gesetz über die Gleichberechtigung noch in diesem Jahr in Kraft treten kann. Als erstes Thema steht im Ausschuß das eheliche Güterrecht zur Debatte. Am Montag äußerten sich darüber als Sachverständige die Professoren Bosch (Bonn), Beitzke (Göttingen) und Doelle (Tübingen).

Für eine Gütergemeinschaft der Ehepartner sprach sich Professor Bosch aus. Sie sollte nach seiner Ansicht zumindest für das in der Ehe erworbene Gut verwirklicht werden. Die Befürworter einer Gütertrennung gehen, wie der Bonner Gelehrte versicherte, von falschen Voraussetzungen aus, weil die Eheleute im allgemeinen „in einem Boot" sitzen und im Bewußtsein gemeinsamen Handelns und gemeinsamen Vermögens Anschaffungen vornehmen oder sparen.

Bosch billigte dem SPD-Entwurf ein stärkeres sittliches Prinzip als der Regierungsvorlage zu. Er kommt der Gütergemeinschaft, wie der Gelehrte betonte, am nächsten, obgleich auch er von der Gütertrennung ausgeht. Bosch hob hervor, daß der SPD-Entwurf die Möglichkeit vorsieht, daß ein Ehegatte gegen vermögensrechtliche Verfügungen des anderen Einspruch erheben kann.

Auch Professor Beitzke hält die von der SPD vorgeschlagene Einspruchsmöglichkeit für gut, weil damit eine größtmögliche Sicherheit für den Partner gegeben wird. Grundsätzlich wandte er sich jedoch — ebenso wie Professor Doelle — gegen die Gütergemeinschaft. Bei genauer Betrachtung zeigt sich nach seiner Meinung, daß jeder Ehegatte sein persönliches Eigentum sehr wohl zu schätzen weiß und daß das Bewußtsein der Gütergemeinschaft durchaus nicht so fest im Bewußtsein der Gatten verankert ist.

Der Göttinger Wissenschaftler verwarf auch die Gütergemeinschaft in Form der von Bosch erwähnten „Errungenschaftsgemeinschaft". Nach seinen Worten bedarf die Gütertrennung lediglich einer Ergänzung dadurch, daß über das Hausgut nur eine beschränkte Verfügungsberechtigung möglich sein soll. Außerdem soll der nichtverdienende Gatte an dem während der Ehe erworbenen Zugewinn beteiligt werden.

Ein luxuriöses Gefährt der Volkswagen-Familie: Der schnittige Karmann-Ghia wurde 1957 um eine Cabriolet-Version ergänzt. Entworfen hat das Zweisitzer-Coupé der Italiener Luigi Serge, Chefdesigner des Turiner Karosseriewerkes Ghia. Unter seiner schönen, sportlichen Blechhülle verbarg sich die jeweils aktualisierte VW-Käfer-Technologie. Mit insgesamt 360 000 Coupés und 80 000 Cabrios konnte sich der »Hausfrauen-Porsche« in seiner Klasse fast 20 Jahre lang äußerlich beinahe unverändert behaupten.

tigen Boom: 1955 wurden vom Messerschmitt Kabinenroller 12 000 Stück verkauft. Bei BMW verließen zwischen 1955 und 1962 über 161 000 Isettas das Werksgelände, diese Zahl wurde noch übertroffen von den Goggomobilen der Dingolfinger Firma Glas.

DER DEUTSCHEN LIEBSTES KIND HÜBEN WIE DRÜBEN

Noch lag der Traum vom eigenen Auto für die meisten Menschen in weiter Ferne. Dennoch hatte sich im ersten Jahrzehnt der Bundesrepublik der Bestand von 515 000 Pkws auf über fünf Millionen verzehnfacht.
Im Volkswagenwerk Wolfsburg schweißten die Arbeiter seit 1952 Käfer-Karosserien, das Auto des Wirtschaftswunders kostete damals 3500 DM. Schon drei Jahre später rollte ein vergoldetes Sonderexemplar als einmillionstes Exemplar vom Band.
Mittel- und Oberklasseautos waren zu jener Zeit ein Luxus, der öffentlich bestaunt wurde. Zum Beispiel der Opel Kapitän oder der Borgward Isabella, der stolze 7265 DM kostete. Mehr als das Vierfache musste hinblättern, wer den Mercedes 300 SL erwerben wollte – heute ist dieses Sportcoupé mit seinen Flügeltüren legendär. Gegen Ende des Jahrzehnts konkurrierten verschiedene Modelle von Ford, BMW, DKW, Audi etc. auf dem überschaubaren Automarkt. Eines bleibt bemerkenswert: Man konnte alle Modelle auf Anhieb unterscheiden, in der Form wie am Motorengeräusch – was heute nicht mehr so leicht möglich ist.
Auch in der DDR genoss der Kraftfahrzeugbau einen hohen Stellenwert. Im sächsischen und thüringischen Raum hatte der Automobilbau schon vor dem Krieg bedeutende Niederlassungen, und die SED-Führung forderte in den 50er Jahren den Bau neuer Pkw-Typen. Im früheren BMW-Werk Eisenach wurde für gehobene Ansprüche der Wartburg produziert, und in Zwickau der Trabant, von den Bürgern zärtlich »Rennpappe« genannt, weil er aufgrund des Blechmangels aus Kunststoff produziert wurde. Er sollte für die DDR das werden, was der VW-Käfer für den Westen war: ein Volksauto. 1959 waren über 20 000 Trabbis in der DDR unterwegs. Allerdings gab es einen gravierenden Unterschied! Im Westen musste man nicht bis zu 17 Jahre auf sein Auto warten. Auch der Import sowjetischer Moskwitsch', Ladas, Wolgas konnte dem Dauermangel nicht abhelfen.
Ein sportlich elegantes Auto sorgte dagegen 1959 über die Grenzen der DDR hinaus für Aufsehen: Der Wartburg Sport 313/1 hatte ein abnehmbares Coupé-Dach. Für den Osten war der Wagen jedoch zu teuer – und für den Westen zu langsam.

RUND UMS AUTO

Zwischen 1950 und 1960 waren die staatlichen Investitionen in den Straßenbau verzehnfacht worden, doch wies das vierspurige Autobahnnetz Deutschlands 1958 erst eine Länge von 2100 Kilometer auf (im Vergleich: 2008 waren es 12 550 km).
An den Tankstellen bediente ein Tankwart die Kunden: Das Reinigen der Windschutzscheibe und das Überprüfen des Ölstandes gehörten wie selbstverständlich zur Bedienung. Häufig konnte der Tankwart auch fachkundig beraten; das Tanken eines Zweitaktgemisches war keine Seltenheit bei der Vielzahl an Kleinstwagen. In der DDR gab es diesen Service-Tankwart übrigens bis zu ihrem Ende, genauso wie den »Schutzmann« zur Regelung des Fließverkehrs an Kreuzungen.
Heutzutage völlig aus dem Straßenbild verschwunden, da verboten, ist das samstägliche Autowaschen auf der Straße oder entlang kleiner und größerer Bach- oder Flussläufe.
Die erste Parkuhr wurde 1954 in Duisburg aufgestellt. 1957 wurde Tempo 50 in geschlossenen Ortschaften eingeführt. Beides Maßnahmen, die als Reaktionen auf den zunehmenden Individualverkehr zu bewerten sind. Verstöße gegen Verkehrsregeln nahmen direkt proportional mit dem Anwachsen der Verkehrsteilnehmer zu. Die Zahl der Unfalltoten stieg bedrohlich an: 1956 beklagte man 14 811 Verkehrstote. Zwei Jahre später wurde das Ver-

Fahren, halten, ruhen! Der DKW, Vorläufer der Audi-Modelle, ist heute von den Straßen verschwunden, nicht aber die Angewohnheit der Fahrer, sich gleich neben dem Auto niederzulassen.

Unten: Ende der 50er kamen die Mopeds auf: Im Westen knatterten die Victoria-Avanti, die NSU-Cavalino oder die Zündapp Bella, im Osten die »Schwalbe« von Simon.

(Fahr-)Gast König: Auch die schönsten Tage gehen einmal zu Ende. Zuletzt wird den heimreisenden Urlaubern noch ein Blumenstrauß überreicht.

kehrszentralregister im Flensburger Kraftfahrt-Bundesamt (KBA) eingerichtet, um Verkehrssünder besser verfolgen zu können. 1959 blitzte in Düsseldorf die erste Radarfalle.

»PACK DIE BADEHOSE EIN«

Hand in Hand mit dem ungeheuren Mobilitätsschub ging die erwachende Reiselust. Der Sehnsucht, in die Ferne zu schweifen, konnte mit zunehmendem Wohlstand nachgegeben werden. Vorerst waren es oft nur Verwandtenbesuche oder nahe Urlaubsziele: die Nord- und Ostseeküsten und -inseln, die Mittelgebirge wie Sauerland und Schwarzwald und das bayerische Alpenvorland. Dorthin fuhr man in der Regel mit der Bahn: 56 Prozent reisten mit dem Zug in ihr Feriendomizil, 19 Prozent mit dem Pkw, 17 Prozent mit dem Bus.
Anfang der 50er Jahre hatte jeder Arbeitnehmer einen gesetzlichen Anspruch auf mindestens zwölf Tage Urlaub. 1951 erreichte die Zahl der Pauschalurlauber erstmals die Grenzmarke von 100 000. Priorität hatten Anschaffungen, nur wer viel Geld hatte, verreiste: 1954, als zum ersten Mal touristische Daten ermittelt wurden, machten nur 24 Prozent der (West-)Deutschen im Alter von über 14 Jahren Urlaub, insgesamt 9,3 Millionen Personen. Davon reisten nur 15 Prozent ins Ausland, vor allem nach Österreich und nach Italien.
1956 schaffte die Bundesbahn die dritte Klasse ab und richtete Autoreisezüge ein. Der Pkw reiste auf einem Güterwaggon mit, während die gut betuchten Reisenden es sich im Schlaf- oder Liegewagen bequem machten. Die Fahrt von Hamburg nach Basel kostete für den Pkw 95 DM (ein Lokführer verdiente damals monatlich um die 500 DM). Auf der Schiene begann 1958 das E-Lok-Zeitalter, zwanzig Jahre später sollte die letzte gute alte Dampflok außer Dienst gestellt werden.
Nach Kriegsende hatten die Alliierten den deutschen Flugverkehr untersagt, erst zehn Jahre später wurden auch wieder Flugreisen (und auch Seereisen) angeboten. Doch waren diese im Vergleich zu heute umständlich und strapaziös: So dauerte ein Flug nach Teneriffa 14 Stunden, da die kleinen Propellermaschinen sechs Mal zwischenlanden mussten. Vor allem aber war Fliegen nur für ganz wenige erschwinglich. Am 1. April 1955 startete die Lufthansa zu ihrem ersten Flug – er ging von Hamburg nach Düsseldorf. Ein Jahr später startete der erste Transatlantikflug, und am 29. März 1956 flog der erste Charterflug Touristen für eine Pilgerreise nach Israel.
In der DDR verlief das »sozialistische Erholungswesen« noch in relativ ungeregelten Bahnen. Bald schon vermittelte der FDGB verdienten Werktätigen preiswerten Urlaub an der Ostsee oder im Thüringer Wald, den beliebtesten Sommer-Ferienzielen der Ostdeutschen. Doch auch im Winter wurde was geboten: wiederum im Thüringer Wald, auch im Harz und Erzgebirge konnten DDR-Bürger um 140 Mark einen zweiwöchigen Aufenthalt in Ferienheimen verbringen. Im bekanntesten Wintersportort der DDR, Oberhof, auserkoren zum »Kurort der Werktätigen«, wurde Skiunterricht gratis erteilt. Bloß für die Ausrüstung wurde eine Leihgebühr erhoben: Für 50 Pfennig war man mit geschnürten Skistiefeln und Holzskiern dabei. Drüben wie hüben entdeckten die Autobesitzer eine neue, preiswerte Möglichkeit Urlaub zu machen: Camping wurde modern.

Oben: Schlicht und einfach – Ferien in den 50er Jahren: Zelte waren in der DDR Mangelware. Und die Nassrasur war Normalität, nicht nur auf dem Campingplatz. Rasierapparate mit Batterie gab es noch nicht, und mit Stromanschlüssen war es auf den Plätzen sowieso nicht weit her. Zum Zelten fuhren junge Menschen mit dem Motorrad oder auch mit dem Fahrrad.

Links: Im Christlichen Erholungsheim Rehe im Westerwald erholten sich nicht nur Kinder und Jugendliche, sondern auch Rentner.

An einer schönen Allee im Brandenburgischen lohnt es sich, eine Pause einzulegen: Der legendäre F8, der Vorgänger des Trabant, hier in einer Cabrio-Ausführung. Die Karosserie war ursprünglich aus Holz/Kunstleder und die Motorhaube aus Blech bzw. Duroplast gefertigt. Der Fahrspaß war ab etwa 8500 DM zu haben.

In der DDR-Verfassung von 1949 war das Recht jedes Arbeitenden »auf Erholung, auf jährlichen Urlaub gegen Entgelt« in Artikel 16, Absatz 1, festgeschrieben. Bloß hatten staatliche oder gewerkschaftliche Organisationen bei der Gestaltung der schönsten Tage des Jahres die Finger im Spiel. Die Preise für einen vom FDGB organisierten Urlaub waren in der Tat für jeden erschwinglich.

Viele Deutsche entdeckten seit den 50er Jahren das Mittelmeer als Urlaubsziel und verbrachten ihren Sommerurlaub mit der ganzen Familie im Zelt oder Wohnwagen auf küstennahen Campingplätzen. Benzin und Lebensmittel waren in südeuropäischen Ländern günstiger als zu Hause.

Die »Italia« der »Hamburg-Amerika Linie« wurde von 1952 bis 1960 im Atlantikdienst zwischen Cuxhaven und New York eingesetzt. Die Überseeverbindungen bekamen wegen der Zeitersparnis bald große Konkurrenz durch den immer stärker werdenden Luftverkehr.

15 km feiner, goldener Sandstrand, und Venedig gleich um die Ecke: Ab den 50er Jahren nahm Lido di Jesolo einen dynamischen Aufschwung. Längs des Strandes entstanden Campingplätze, Feriendörfer, Hunderte Hotels, Tausende Apartments. 1956 waren bereits rund 4,5 Millionen Deutsche auf dem Weg in den Süden: mit Bahn, Bus, dem eigenen Pkw oder mit Motorrollern.

In den 50er und 60er Jahren war der »Teutonengrill« in Italien eines der beliebtesten Urlaubsziele überhaupt; hier der NSU-Lido in Cavallino bei Venedig, ein damals sehr moderner Campingplatz.

TOTO
AMTLICHES BAYERISCHES REISEBÜRO

60er Jahre

Das Auto macht mobil

Vom Kleinwagen über die Mittelklasse zum Luxusauto

Luftaufnahme des Stachus in München um 1960, zu dieser Zeit bereits einer der verkehrsreichsten Plätze Europas. Noch ist der Platz nicht »unterkellert«, die grundlegende Umgestaltung wurde im Laufe der 60er Jahre in Angriff genommen.

Oben: 1950 war die vorweihnachtliche Tradition der »Essener Lichtwochen« begründet worden, die sich jährlich ein wechselndes Motto gab. Das hieß 1964 »Berlin – gestern und heute«, und Willy Brandt, Regierender Bürgermeister der damals geteilten Stadt, bedankte sich bei den Essener Einzelhändlern, indem er persönlich die Lichterschau eröffnete.

Rechts: Ab 1. Juni 1964 bekamen Fußgänger grünes Licht: In der westdeutschen Straßenverkehrsordnung wird ihnen »die Vorfahrt« am Zebrastreifen eingeräumt. Autofahrer müssen gegebenenfalls anhalten. Um den städtischen Verkehrsfluss nicht allzu stark zu behindern, entfernte man eben einige Fußgängerüberwege …

Für die Dichterin Else Lasker-Schüler war sie »ein stahlharter Drachen mit vielen Bahnhofsköpfen und sprühenden Augen«: Die Wuppertaler Schwebebahn wurde zum Wahrzeichen der Stadt. Bereits 1900 eingeweiht, transportiert sie heute täglich um die 75000 Fahrgäste kreuzungsfrei durch die bergische Stadt und benötigt für die 13,3 km lange Strecke mit 20 Haltestellen bei einer Geschwindigkeit von bis zu 60 km/h 35 Minuten. – Die schönste Anekdote um die Schwebebahn datiert vom 21. Juli 1950. Da fiel Elefantendame »Tuffi« aus einem Waggon in die Wupper. Sie war aus Werbezwecken für den Zirkus Althoff bei der Haltestelle »Rathausbrücke« zugestiegen und nach wenigen Metern Fahrstrecke aus dem Zug gesprungen. Zum Glück blieb sie unverletzt.

LUFTHANSA
D-ABOF

DB
Der einfachste Weg
von und nach Skandinavien
Die Vogelfluglinie
Oslo
Stockholm
Kopenhagen
Amsterdam
Hamburg
Brüssel
Köln
Paris
Frankfurt
Bern
München
Wien
Rom

Adorf-REISEN

Linke Seite oben: Die Boeing 707-430 stand von 1960 bis 1977 im Dienst der Deutschen Lufthansa. Mit dem Langstrecken-Düsenverkehrsflugzeug (und der De Havilland DH 106) begann das Jet-Zeitalter. Vier Rolls-Royce-Conway Kk 550 sorgten für den Antrieb, jedes Triebwerk hatte einen Schub von 79,9 kN, und das Flugzeug war bis zu 954 Stundenkilometer schnell. 18 Passagiere nahmen in der ersten Klasse Platz, und 133 in der Economy-Klasse.

Linke Seite links unten: 1963 wurde die »Vogelfluglinie« eröffnet. Die Straßen- und Eisenbahnverbindung zwischen Deutschland und Dänemark führt mit einer 964 m langen Brücke über den Fehmarn-Belt und verkürzt als Verbindung zwischen Hamburg und der Öresund-Region den Weg nach Kopenhagen um 160 Kilometer.

Linke Seite rechts unten: Heute kann so ein Oldtimer-Bus der 60er Jahre für Ausflüge gebucht werden. Die großzügige Panoramaverglasung war ein Zeichen des technischen Fortschritts, wenn man bedenkt, dass nur wenige Jahre zuvor die Scheiben noch klein und zuweilen sogar durch Stege unterteilt waren. Jedoch: Bei Sonneneinstrahlung konnte es ungemütlich heiß werden.

Oben: Die IV. Konferenz Junger Eisenbahner hatte 1962 beschlossen, als »Geschenk« an den VI. Parteitag der SED einen »modernen Touristenzug zu schaffen, damit noch mehr Werktätige unserer Republik die Möglichkeit bekommen, Touristenreisen in die sozialistischen Länder zu unternehmen«. Stolz verkündete man, dass der »Tourex« »eine gute Visitenkarte deutscher Wertarbeit in der DDR« sei, und warb mit dem Plakat um einen Finanzierungsbeitrag.

Links unten: Das Vorgängermodell der legendären »Schwalbe« auf der Leipziger Herbstmesse. Die KR 50 (Kleinroller 50 cm³) wurde von 1958 bis 1964 vom VEB Fahrzeug- und Jagdwaffenwerk Simson in Suhl gebaut. Die Maschine war ein Kickstarter mit Zweigang-Handschaltung, hatte erst 2,1 PS, ab 1963 2,3 PS und fuhr bis zu 50 Stundenkilometer.

Rechts unten: Erinnerungsfoto auf der Karlsbrücke. Auslandsreisen in die sozialistischen Bruderstaaten vermittelte das staatliche Reisebüro der DDR.

Ober
WM-

70er Jahre

Der Tiger im Tank

Die mobile Gesellschaft mit Fahrverbot

Die Ölkrise machte erfinderisch. Mit dem Boykott der Öllieferungen an befreundete westliche Staaten wollten die arabischen OPEC-Länder Israel zum Rückzug aus besetzten Gebieten zwingen. Die plötzliche Energieknappheit führte zu einem Fahrverbot an vier Sonntagen. Deshalb werden hier Gäste eines Hotels in Habach bei Weilheim mit echten Pferdestärken vom Bahnhof abgeholt.

»Das neue Straßen-Bau-programm ist das größte, das jemals in einem europäischen Staat aufgelegt wurde.«

DIE WELT, 11.07.1969

Stau – Stau – Stau: Symbol verfehlter Verkehrsplanung und zunehmender Automobilisierung in der bundesrepublikanischen Gesellschaft. Mit Ferienbeginn stauten sich bereits in den 70er Jahren die Sonnenhungrigen auf den Autobahnen in Richtung Süden, hier vor einer Fahrbahnverengung auf der Strecke München–Salzburg.

»Wir sind drauf und dran, unsere Städte und damit uns selbst zu zerstören.« Die Warnung des Münchner Oberbürgermeisters Hans-Jochen Vogel zu Beginn der 70er Jahre wollte niemand hören. Er aber wusste, wovon er sprach. Denn der Münchner »Stachus« war inzwischen das verkehrsreichste Straßenkreuz Europas: »Da geht's zu wie am Stachus« wurde zum geflügelten Wort.
Größere Altstädte konnten den zunehmenden, nach wie vor propagierten Individualverkehr nicht mehr verkraften, auch wenn automatisierte Ampelregelungen das Verkehrschaos minimieren helfen sollten. Der damals noch sehr preiswerte öffentliche Nahverkehr wurde immer mehr in den Untergrund verlegt. In der Bundesrepublik kostete ein Fahrschein für Bus, S-Bahn oder Straßenbahn zwischen 60 und 70 Pfennig, in der DDR 20 Pfennig.
Der Ölpreisschock im Oktober 1973 kam völlig unvermittelt und versetzte dem Fortschrittsoptimismus vorübergehend einen gehörigen Dämpfer. Der Ölboykott durch die OPEC zwang die Bundesregierung, ein Sonntagsfahrverbot für vier Sonntage – am 25. November, 2., 9. und 16. Dezember – anzuordnen. Da waren die Autobahnen, auf denen sich der Verkehr nun auch schon öfter mal ordentlich staute, gähnend leer. Gegen Ende des Jahrzehnts kletterte der Benzinpreis erstmals über 1 DM bei Superbenzin.
Es überrascht daher nicht, dass das Fahrrad als ideales Nahverkehrsmittel in den 70ern allmählich wiederentdeckt wurde. Als Freizeit-Massensportgerät oder stressfreies Fortbewegungsmittel während einer Urlaubsreise war es jedoch noch nicht in Mode.
Mitfahrzentralen organisierten seit Mitte der 70er Jahre die etwas andere Art des Individualverkehrs für den kleinen Geldbeutel. Tramper hielten an Bundesstraßen, an Autobahnauffahrten und Raststätten den Daumen hoch. Heute sind sie (fast) verschwunden.
Fehlleistungen im Verkehr wurden auffällig, zum Beispiel das bislang eher unbekannte Phänomen des »Geisterfahrers«. »Erst gurten, dann starten« lautete seit 1976 die Parole. Das Anschnallen wurde zur Pflicht, und wer es nicht tat, wurde mit einem Bußgeld belegt.
Im Autobau setzte sich ein Kreislauf in Gang: immer sicherer, dafür auch immer schneller. Die Tendenz kontinuierlich ansteigender Opferzahlen konnte erst gegen Ende des Jahrzehnts gestoppt werden, am Beginn, 1970, waren 21 332 Unfalltote im Westen Deutschlands zu beklagen.
In der DDR, wo nun jeder fünfte Haushalt ein Auto besaß, zählte man im Jahr 1973 nur 2000 Verkehrstote. Grundsätzlich dämpften sowohl der Mangel an Ersatzteilen für notwendige Reparaturen wie auch die langen Wartezeiten die Autofahrfreude im Arbeiter- und Bauernstaat. Ab 1978 wurden einige tausend Pkws importiert, darunter Golf, Citroën, Renault und Volvo, das Lieblingsauto der obersten Kader, allen voran Erich Honecker. 1974 war das Kennzeichen »D« durch die drei Buchstaben »DDR« abgelöst worden.

DIE VIELFALT DER MODELLE UND HAUPTSACHE SCHNELL

Das weiche, bunte Design der 60er mit all seinen Rundungen und Wölbungen wurde jetzt

Monatsabonnement 7,60 DM einschließlich 5,5 % Mehrwertsteuer u. 1,60 DM anteiliger Zustell- und Versandgebühren bei Zustellung durch die Post oder durch Träger. Auslandsabonnement 15,00 DM einschließlich Porto. Der Preis des Luftpostabonnements wird auf Anfrage mitgeteilt. Die Abonnementsgebühren sind im voraus zahlbar.

DIE WELT

UNABHÄNGIGE TAGESZEITUNG FÜR DEUTSCHLAND

DIE WELT Verlags-GmbH, 1 Berlin 61, Kochstraße 50, Tel. 19 11 1, FS 018 67 99, 2 Hamburg 36, Kaiser-Wilhelm-Str. 1, Tel. 04 11/34 10 10, FS 021 11 49, 43 Essen, Sachsenstraße 36, Tel. 021 41/24 21, FS 085 73 41, 6 Frankfurt (Main), Frankenallee 71—81, Telefon 06 11/23 38 85, FS 041 24 49. Gültige Anzeigenpreisliste Nr. 37 vom 1. Januar 1968

Freitag, 11. Juli 1969 · Ausgabe B · A 7106 A · Nr. 158 · Preis 40 Pf

Rede vor dem Obersten Sowjet

Gromyko macht USA Hoffnungen auf bessere Beziehungen

Von unserem Korrespondenten

E. U. F. Moskau, 10. Juli

Für eine Verbesserung der Beziehungen zu den Vereinigten Staaten hat sich der sowjetische Außenminister Gromyko am Donnerstag vor dem Obersten Sowjet in Moskau ausgesprochen. Er schloß die Möglichkeit eines Gipfeltreffens nicht aus.

Gromyko sprach außerdem die Hoffnung auf eine Normalisierung der Beziehungen zur Bundesrepublik Deutschland aus, die jedoch nicht auf Kosten der „DDR" erfolgen könne. Der sowjetische Außenminister plädierte für die Schaffung einer atomwaffenfreien Zone im Mittelmeer, griff die chinesische Führung scharf an und verteidigte die sowjetische Konzeption über die begrenzte Souveränität sozialistischer Länder.

An die Adresse der USA gewandt, sagte Gromyko in seiner außenpolitischen Übersicht, die guten Beziehungen zwischen Washington und Moskau sollten in freundliche verwandelt werden. Zum Thema Gipfeltreffen meinte er: „Das Eintreten des amerikanischen Präsidenten während des Wahlkampfes für ein wohlvorbereitetes Treffen auf höchster Ebene ist nicht unbeachtet geblieben."

Als Anspielung gegenüber den USA wurde in Moskau auch jener Absatz in der Rede Gromykos verstanden, in dem eine atomwaffenfreie Zone im Mittelmeerraum, wo beide Großmächte beträchtliche Flotteneinheiten unterhalten, angeregt wurde. Gromyko sagte: „Die Frage der Verbreitung von nuklearen Waffen im Bereich des Mittelmeers ist eine der wichtigen Fragen, die von den interessierten Parteien ernsthaft geprüft werden sollte. Sie ist heute bedeutsamer als je zuvor."

Gromykos sehr maßvoll vorgetragene Rede in Anwesenheit des Politbüros und auch Verteidigungsminister Gretschkos ließ mit keiner Nuance erkennen, daß sich die sowjetische Führung durch den Besuch von Präsident Nixon in Bukarest von ihrem Vorhaben der Abrüstungsgespräche mit den USA und der Regelung von dringenden internationalen Problemen durch zweiseitige Verhandlungen mit Washington abbringen lassen will.

Die Sowjetunion sei bereit, sagte Gromyko, mit den USA über die Reduzierung der strategischen Waffen zu sprechen. Beide Seiten hätten hoffentlich die Wichtigkeit dieses Themas vor Augen. Dann wiederholte Gromyko die Forderung nach Unterzeichnung des Sperrvertrages durch alle Staaten sowie die sowjetischen Vorschläge zur Demilitarisierung des Meeresbodens, zum Verzicht auf unterirdische Atomversuche, bis hin zur allgemeinen Totalabrüstung.

Ausführlich behandelte Gromyko das Thema der deutsch-sowjetischen Beziehungen. Wörtlich sagte er: „Die Sowjetunion hat mehr als einmal betont, daß die Bundesrepublik Deutschland nicht weniger Möglichkeiten hat als andere Länder, normale Beziehungen zur Sowjetunion zu schaffen." Die Sowjetunion sei zu Kontakten bereit, wenn die Bundesregierung der Anwendung von Gewalt in ihrem politischen Programm entsage. Weitere Gespräche über Gewaltverzicht seien möglich.

(Fortsetzung Seite 4, Spalten 1 und 2)

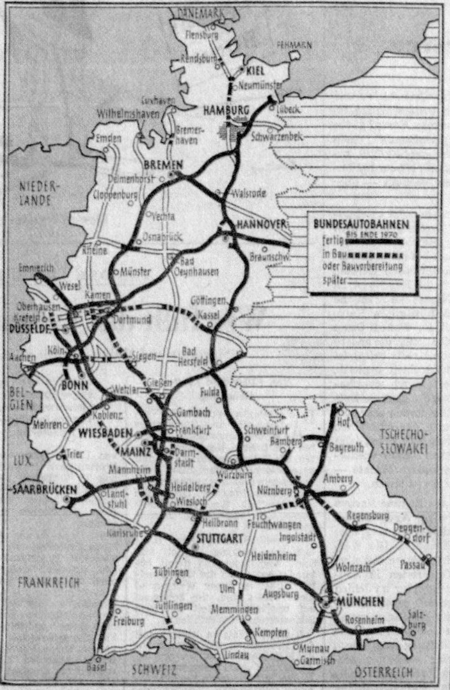

Schnellstraßennetz in der Bundesrepublik

Bis Ende 1970 soll das Netz der Fernschnellstraßen in der Bundesrepublik eine Länge von insgesamt 5300 Kilometer erreichen. 4500 Kilometer werden dann als Autobahn und 800 Kilometer als zweibahnige Bundesstraßen ausgebaut sein. Der von Bundesverkehrsminister Leber am Donnerstag vorgelegte neue Ausbauplan sieht darüber hinaus vor, daß bis zum Jahre 1985 statt der bisher vier Fahrspuren auf der Autobahnstrecke Köln—Frankfurt—Mannheim insgesamt 22 Fahrspuren auf Schnellstraßen in diesem Raum für den rapide wachsenden Verkehr zur Verfügung stehen. Zeichnung: Werner Schmidt

Pompidou gibt Festigung der EWG absoluten Vorrang

v. K. Paris, 10. Juli

Der französische Präsident Georges Pompidou erklärte am Donnerstag in seiner ersten Pressekonferenz, daß Frankreich dem Übergang des Gemeinsamen Marktes in die Wirtschaftsunion zum kommenden Jahreswechsel den absoluten Vorrang vor allen anderen Aufgaben der europäischen Politik gebe.

Pompidou sagte, daß er im Prinzip nichts gegen Verhandlungen über einen Beitritt Großbritanniens zur Europäischen Wirtschafts-Gemeinschaft einzuwenden habe. Europa sei „kein Kloster". Voraussetzung für Verhandlungen über den britischen Aufnahmeantrag sei jedoch eine Festigung der EWG. Als vorrangige Aufgabe bezeichnete der Staatspräsident weitere Fortschritte der Gemeinschaft mit dem Ziel einer „echten Wirtschaftsunion". Dies bedeute einen Ausbau in allen wirtschaftlichen Bereichen, dem Verkehrs- und Energiewesen. Der reibungslose Übergang zur zweiten Phase des Marktes nach dem 31. Dezember 1969 müsse gesichert sein.

(Fortsetzung Seite 4, Spalte 5)

Außenminister A. Gromyko

In seiner zweistündigen Rede vor dem Obersten Sowjet fand Gromyko optimistische Worte für Bonn; realistisch analysierte er, die chinesisch-sowjetischen Verhandlungen und bekundete offensichtliches Interesse an Gesprächen über Rüstungsbeschränkungen mit den USA. Funkbild dpa/UPI

Katholisches Bischofs-Symposion in Chur beendet

DW. Chur, 10. Juli

Das mit Spannung erwartete Referat des Brüsseler Kardinals Suenens, des Wortführers der „Reformer" innerhalb der Katholischen Kirche, bildete am Donnerstag den Höhe- und Schlußpunkt des Symposions der mehr als 100 europäischen Bischöfe in Chur (Schweiz).

In dem von dem Sekretariat der Konferenz an Stelle eines offiziellen Kommuniqués veröffentlichten Bericht wurde betont, der Priester verlange „echte Mitverantwortung, die ihn in die Meinungsbildung ernsthaft einbezieht, „wenn er auch anerkennt, daß der endgültige Entscheid bei der bischöflichen Autorität liegt".

Zur Frage des Zölibats hieß es in dem Bericht: „Manche Priester lehnen die pflichtmäßige Verbindung von Zölibat und Priestertum ab, andere dagegen — und ihre Stimmen überwiegen — verlangen eine vertiefte Motivierung des Zölibats sowie eine Verbesserung der Voraussetzungen für ihr Leben und ihren priesterlichen Dienst.

Gleichzeitig mit dem Symposion wurde in Chur auch das erste internationale Treffen von Delegierten europäischer Priestergruppen beendet.

Seite 3: Priester und Bischöfe

Leber: 13 000 Kilometer Schnellstraßen bis 1985

Von unserem Korrespondenten

Fo. Bonn, 10. Juli

Das Netz der Autobahnen und zweibahnigen Bundesfernstraßen in der Bundesrepublik wird nach einem neuen Plan des Bundesverkehrsministers Leber am Donnerstag von 1971 bis 1985 mit einem Kostenaufwand von 93 Milliarden DM auf einer Länge von insgesamt 13 000 Kilometer ausgebaut.

Das neue Straßenbauprogramm ist das größte, das jemals in einem europäischen Staat aufgelegt wurde. Das Straßennetz in der Bundesrepublik soll nach diesem Plan bis 1985 so dicht sein, daß 85 Prozent der Bevölkerung weniger als zehn Kilometer zu fahren brauchen, um die nächste Autobahnanschlußstelle zu erreichen. Im Ruhrgebiet wird der Anfahrtweg sogar nur vier Kilometer betragen. 15 Prozent der Bevölkerung werden in 15 Jahren noch 25 Kilometer von der nächsten Autobahnanschlußstelle entfernt sein.

Das bedeutet, daß bis 1985 etwa 5500 Kilometer Bundesautobahn und 2200 Kilometer zweibahnige Bundesstraßen gebaut werden müssen. Bis Ende 1970 wird das jetzige Fernstraßennetz eine Länge von insgesamt 5300 Kilometer (4500 Kilometer Autobahn und 800 Kilometer zweibahnige Bundesstraßen) erreichen.

Leber vertrat in Bonn die Auffassung, daß es durch dieses Programm gelingen werde, den Straßenbau schneller als die Verkehrsentwicklung voranzutreiben. In 15 Jahren sei dann ein fließender Autoverkehr möglich. Die Planer im Verkehrsministerium legten ihren Berechnungen für die Zeit von 1980 bis 1985 einen Bestand von etwa 20 Millionen Personenkraftwagen zugrunde. Der neue Ausbauplan für die Bundesfernstraßen hat folgende Schwerpunkte.

1. Beseitigung der Engpässe auf den heute überlasteten Streckenabschnitten durch den Neubau von parallelen Entlastungsstrecken und durch den Ausbau der vorhandenen Straßen auf vier, sechs oder acht Spuren.

2. Förderung des Straßenbaus in den Ballungsgebieten und im Vorfeld der Städte.

3. Regionale Förderung von schwachentwickelten Regionen.

4. Verbesserung der Verbindung der Wirtschaftszentren untereinander sowie ein besserer Anschluß an den Gemeinsamen Markt und das übrige europäische Ausland.

5. Ausbau der Hauptzubringerstraßen zu den Erholungsgebieten.

Bei den Unionsparteien wurde das neue Straßenprogramm von dem Bundestagsabgeordneten Ernst Müller-Hermann kritisiert. Die CDU/CSU begrüße jede Intensivierung des Straßenbaus, möchte aber sichergestellt wissen, daß die begrenzten Investitionsmittel für den Verkehrswegebau dort eingesetzt werden, wo sie den größten Entlastungseffekt erzielten.

Seite 9: 93 Milliarden

Erste Herztransplantation in Berlin

Patient starb neun Stunden nach der Operation

Berlin, 10. Juli (dpa/UPI/AP)

Die erste Herztransplantation in West-Berlin ist von Prof. Emil S. Bücherl, dem Ordinarius und Direktor der Chirurgischen Universitätsklinik, im Westend-Krankenhaus in der Nacht zum Donnerstag vorgenommen worden. Empfänger war der 46jährige Heinrich Lutterbeck, der die Operation neun Stunden überlebte und am Donnerstag zwischen 17 und 18 Uhr starb.

Der ärztliche Direktor des Krankenhauses, Professor Günter A. Neuhaus, teilte am Abend mit, daß der Herzempfänger an „unbeeinflußbaren Gerinnungsstörungen" gestorben ist. Der Tod sei trotz intensiver Behandlung eingetreten. Nach der Transplantation sei Lutterbeck zunächst ansprechbar gewesen und habe sogar wieder selbständig geatmet.

In einer ersten offiziellen Stellungnahme des Krankenhauses hieß es gegen 16.30 Uhr: „Im Klinikum Westend der Freien Universität wurde in der Nacht zum Donnerstag bei einem 46jährigen Patienten eine Herztransplantation durchgeführt. Der Ablauf dieser Operation war ungestört. Der Patient ist ansprechbar. Schwierige Blutgerinnungsstörungen beeinträchtigen zur Zeit den Verlauf. Hierdurch ist das Endergebnis noch nicht mit genügender Sicherheit abzusehen."

Professor Emil S. Bücherl, damals ärztlicher Direktor des Städtischen Krankenhauses Neukölln, hatte mit einem Team bereits Ende Dezember den Patienten für eine Herztransplantation vorbereitet. Sie wurde nicht durchgeführt, weil der klinische Tod des Spenders erst zu einem Zeitpunkt mit Sicherheit festgestellt wurde, als es für den Empfänger zu spät war. Professor Bücherl ist der erste deutsche Chirurg, der ein offenes Herz operierte. Er war an der ersten Nierentransplantation in Deutschland beteiligt und führte die erste Lungentransplantation in Deutschland aus.

Zum drittenmal hat in Deutschland damit eine Herztransplantation mit dem Tod des Empfängers geendet, nachdem schon in München zwei Verpflanzungen mit einem negativen Ergebnis verlaufen waren. Für den Patienten Heinrich Luterbeck waren noch über die Funkbetriebszentrale der Polizei 25 Beamte als Blutspender herangeholt worden, jedoch war alle Mühe vergeblich.

CDU/CSU-Programm zum Ausbau der Kulturpolitik im Ausland

Von unserem Korrespondenten

ems. Bonn, 10. Juli

Ein Programm zur Intensivierung der Kulturpolitik der Bundesrepublik im Ausland hat die CDU/CSU-Bundestagsfraktion am Donnerstag in Bonn vorgelegt.

Das von dem CDU-Kulturexperten Berthold Martin ausgearbeitete Papier geht davon aus, daß der auswärtigen Kulturarbeit als wesentlichem Bestandteil der deutschen Außenpolitik künftig mehr Beachtung geschenkt werden müsse als in der Vergangenheit. In einer dem Programm vorangestellten Erklärung des CDU-Abgeordneten Olaf von Wrangel, werden Kulturbeziehungen zu allen Staaten einschließlich derjenigen verlangt, mit denen gegenwärtig diplomatische Beziehungen nicht bestehen.

Im einzelnen fordert die CDU/CSU-Fraktion:

- Koordinierung aller mit Kulturarbeit im Ausland befaßten Stellen unter Leitung eines Staatssekretärs im Auswärtigen Amt, der nur für diesen Aufgabenbereich zuständig sein soll. Bessere finanzielle Ausstattung der Kulturarbeit. Aktivierung der Möglichkeiten im Rahmen der europäischen Institutionen, der NATO und der UNO.
- Mehr deutsche Schulen und Goethe-Institute im Ausland nach regionalen und sachlichen Schwerpunkten. Verstärkten Kulturaustausch mit Osteuropa auf dem Wege über Rundfunk, Fernsehen und Film, Förderung der Verbreitung der deutschen Sprache und Literatur, Gästeprogramme und Reisen deutscher Wissenschaftler, Schriftsteller und Künstler. Angebot der Einrichtung von Stätten kultureller Begegnung.
- Ausbau der Kultur- und Bildungsarbeit in den Entwicklungsländern, koordiniert mit den Entwicklungshilfe-Instituten. Erhöhung des Jugendaustausches nach dem Modell des deutsch-französischen Jugendwerks mit anderen Staaten einschließlich der in Mittel- und Osteuropa.

Über die Finanzierung des Programms, das äußerst kostspielig sein dürfte, wird nichts gesagt. Olaf von Wrangel regt an zu prüfen, ob mit Hilfe von Bund und Ländern die auswärtige Kulturpolitik künftig aus einer Stiftung gespeist werden könne, an der sich auch Industrie, Gewerkschaften, Institutionen und Verbände beteiligten.

Abgeordnetenhaus setzte Wahlalter auf 18 Jahre herab

DW. Berlin, 10. Juli

Das aktive Wahlalter wurde am Donnerstagabend vom Berliner Abgeordnetenhaus bei nur zwei Gegenstimmen von 20 auf 18 Jahre herabgesetzt. Von 25 auf 23 Jahre wurde gleichzeitig das passive Wahlalter gesenkt. Die Entscheidung auf Antrag aller drei Fraktionen quittierten die Abgeordneten mit starkem Beifall. Mit der zweiten Marathonsitzung schloß das Parlament sein umfangreiches Arbeitspensum vor der Sommerpause ab. Nach langer Debatte wurde die Bauplanung für 1970 bei Stimmenthaltung der CDU gebilligt. SPD und FDP bewilligten gegen die Stimmen der CDU den 33-Millionen-Kredit des Landes Berlin für das Projekt „Steglitzer Kreisel".

Die Mittwoch-Sitzung des Abgeordnetenhauses hatte erst nach fast elf Stunden, kurz vor ein Uhr morgens, geendet. Das Plenum verabschiedete das Universitätsgesetz mit 77 gegen zwei Stimmen. Die CDU-Opposition hatte, wie in einem Teil der Donnerstag-Auflage schon gemeldet, vor der Schlußabstimmung aus Protest gegen einen Änderungsantrag der SPD und wegen damit verbundener verfassungsrechtlicher Bedenken den Saal geschlossen verlassen.

Seite 6: Die CDU
Seite 15: Steglitzer Kreisel

Präsident Saragat beginnt Konsultationen

F.M. Rom, 10. Juli

Staatspräsident Giuseppe Saragat hat am Donnerstag die Beratungen mit führenden Politikern des Landes über die Beilegung der italienischen Regierungskrise aufgenommen.

Wenige Stunden zuvor hatte sich die Democrazia Cristiana (DC) in der konstituierenden Sitzung ihres Nationalrates (erweiterten Parteivorstandes) für eine Wiederherstellung der Mitte-Links-Koalition ausgesprochen.

Auch das Zentralkomitee der sozialistischen Restpartei trat in der Nacht zum Donnerstag in seiner ersten Sitzung nach der Parteispaltung vom 4. Juli für die Konzeption einer Regierung der „linken Mitte" ein.

Der 70jährige Staatspräsident begann seine Konsultationen, die ihm von der Verfassung vor der Beauftragung eines neuen Regierungschefs vorgeschrieben sind, mit einer Unterredung mit dem früheren Staatspräsidenten Giovanni Gronchi im Quirinalspalast. Der dem linken Flügel der DC angehörende Gronchi war 1955 mit den Stimmen der Kommunisten zum italienischen Staatsoberhaupt gewählt worden.

Saragat führte außerdem Gespräche mit den Präsidenten der beiden Häuser des Parlaments.

Seite 4: „Organische Koalition"

Ratifiziert Moskau bald den Atomsperrvertrag?

H.B. Washington, 10. Juli

Die Sowjet-Regierung soll vorhaben, wie am Donnerstag aus diplomatischen Kreisen in Washington verlautet, schon bald den Atomsperrvertrag vom Obersten Sowjet ratifizieren zu lassen.

Zwischen den beiden großen Atommächten, die das Abkommen am 1. Juli 1968 unterzeichnet hatten, besteht eine mündliche diplomatische Vereinbarung, daß sie den Vertrag annähernd zur gleichen Zeit ratifizieren und die Urkunden Zug um Zug austauschen wollen.

Seite 4: Druck auf Bonn

Aktienkurse meist erholt

DW. Berlin, 10. Juli

An den Aktienbörsen setzte sich am Donnerstag nach den kräftigen Kursverlusten vom Vortag eine etwas freundlichere Tendenz durch. Von Rück- und Deckungskäufen des Berufshandels profitierten besonders die Standardwerte des Chemie- und Elektromarktes.

Kairo will weiter wirtschaftliche Beziehungen zur Bundesrepublik

Berlin/Kairo, 10. Juli (AP)

In gleichlautenden Erklärungen haben am Donnerstag die Regierungen in Ost-Berlin und in Kairo die Aufnahme voller diplomatischer Beziehungen zwischen der „DDR" und Ägypten bekanntgegeben.

Die vom Ostberliner Regierungspresseamt über die Nachrichtenagentur ADN veröffentlichte Erklärung hat folgenden Wortlaut: „In Anbetracht der kontinuierlichen Entwicklung der Beziehungen zwischen der Deutschen Demokratischen Republik und der Vereinigten Arabischen Republik sind die Regierungen beider Staaten übereingekommen, diplomatische Beziehungen auf der Ebene von Botschaftern aufzunehmen. Der Austausch von Botschaftern zwischen beiden Staaten wird in Kürze vollzogen werden."

Ägypten ist offenbar der Meinung, daß die Aufnahme der diplomatischen Beziehungen zur Regierung in Ost-Berlin die Fortsetzung der wirtschaftlichen Zusammenarbeit mit der Bundesrepublik nicht beeinträchtigen solle. Die halbamtliche Zeitung „Al Ahram" berichtete, dies sei dem Leiter der deutschen Interessenvertretung bei der italienischen Botschaft in Kairo, Harder, vom Leiter der Abteilung Westeuropa im ägyptischen Außenministerium, Abdel Moneim Najjar, zu verstehen gegeben worden. Najjar soll dabei angedeutet haben, daß die Anerkennung der „DDR" durch seine Regierung die Möglichkeit der Wiederaufnahme von Beziehungen mit Bonn nicht präjudiziere.

In dieser Ausgabe

von der schnittigen, eckigen Keilform abgelöst, insbesondere bei Pkws. Kunststoffgemische bei Farben ermöglichten die schrillen Autolacke der 70er Jahre, als Signalorange, Viperngrün oder Prilblumenblau auch aus Sicherheitsgründen gefragt waren. Doch auch das »technoid« anmutende Mattschwarz entsprach dem Zeitgeschmack. Der Verkehr wurde überhaupt immer vielfältiger. Fahrzeuge anderer europäischer Hersteller frequentierten zunehmend mehr die Straßen, wer damals besonderen Wert auf Individualität und luxuriösen Komfort legte, schaffte sich eine französische Limousine an.

1971 war ein US-Straßenkreuzer wie dieser Plymouth eine seltene Attraktion auf der Straße, der Passanten anhalten und staunen ließ – nicht nur wie hier in Rostock.

Die deutschen Autobauer machten damals besonders gute Geschäfte. Der zehnmillionste Opel, ein Rekord Caravan, ging 1971 in Rüsselsheim vom Band. Das Mittelklassesegment florierte. Auch mit Kadett, Ascona, Manta und dem Opel GT entwickelte der damals größte Automobilhersteller Deutschlands Kultautos der 70er.

Audi produzierte noch in Neckarsulm und war mit dem Audi 50 (eigentlich ein VW Polo) am Markt der Kleinwagen erfolgreich. Der Audi 80 und 100 waren beliebte, robuste »Familien-Kutschen«.

BMW konnte zu Beginn des Jahrzehnts über den Absatz der 02-Serie nicht klagen, Mitte der 70er wurde sie dann durch die 3er-Serie abgelöst. Die 5er und 7er waren sportliche Limousinen, und mit dem 6er Coupé stellte sich die sportlichste Verführung der Münchner Autobauer vor.

Ford baute weiter die soliden Modelle wie den Fiesta, Granada, Consul, Escort und den speziell für den deutschen Markt gebauten und getauften Taunus. Während der 70er Jahre erhielt das Lifestyle-Sportcoupé Capri mehrfach ein Facelifting.

Eine andere Erfolgsstory nahm 1974 ihren Anfang: Nachdem der höchst erfolgreiche Käfer – von dem 1972 schon über 15 Millionen Stück gebaut worden waren – in eine technische Sackgasse geraten war, entschlossen sich die Wolfsburger zu einer grundlegend neuen Fahrzeugkonzeption. Mit dem »Golf« kam ein kleines Kompaktauto auf den Markt, das zum Preis von 7500 DM für (beihnahe) jeden Geldbeutel erschwinglich war und mit all seinen Nachfolgemodellen nicht nur zum meistverkauften Auto Europas wurde, sondern auch eine bis heute unübertroffene Wertstabilität auf dem Gebrauchtwagenmarkt aufweist.

Über dieses Auto definierte sich eine ganze Generation: Die in den 70er Jahren geborene, materiell sorgenfreie und konsumorientierte »Generation Golf«.

Mercedes baute die Luxuskarossen. Eine völlig neu entwickelte Fahrzeuggeneration der Oberklasse wurde im September 1972 der Öffentlichkeit präsentiert, die erstmals offiziell so genannte »Mercedes-Benz S-Klasse« Damit war eine der elegantesten deutschen Limousinen der damaligen Zeit auf den Straßen unterwegs. Schneller wollten Mercedes-Fahrer auch sein: Der 8-Zylinder 450 SEL 6,9 brachte es auf 225 km/h. In der zweiten Hälfte der 70er Jahre landeten die Stuttgarter mit den Modellen 200-300E große Verkaufserfolge; die Diesel-Fahrzeuge hatten sogar eine Lieferzeit von etwa drei Jahren.

Doch einer hatte die (Auto-)Nase im Luxus noch weiter vorn: Porsche. Das Edelgefährt aus Zuffenhausen war der 1964 vorgestellte 911er. Ob als geschlossenes Coupé, als Targa oder, seit 1974, als Turbo. Der war und ist der Inbegriff eines Porsches. Dagegen war das »Fake-Modell« 924 mit Vier-Zylinder-Audi-Motor für eingefleischte Porschianer nur »witzig«, fürs Geschäft war er freilich gut.

Auch die DDR-Autobauer wollten beim Geschwindigkeitswettlauf mithalten: Zwischen 1969 und 1980 wurde das Sportauto

Es war für viele ein Grund zum Trauern: Der letzte in Deutschland produzierte Käfer lief am 19. Januar 1978 im Emder VW-Werk vom Band, das mit einer täglichen Produktion von nur noch 44 Wagen täglich nicht mehr ausgelastet war. Fortan wurde der Käfer vom VW-Werk in Mexiko gebaut.

Wartburg Melkus RS 1000 gebaut, entwickelt »zu Ehren des 20. Jahrestages der Gründung der DDR«. Mit 100 PS und einem Spitzentempo von 210 km/h durfte das Coupé nur von ausgewählten DDR-Bürgern und Rennfahrern erworben werden.

NOCH SCHNELLER IN DER LUFT UND AUF DER SCHIENE

1976 nahm die französische Concorde, ausschließlich auf der Strecke Paris bzw. London-New York, ihren Liniendienst auf. Das Überschallflugzeug, das mit 2200 km/h von einem Kontinent zum anderen raste, hatte nur 100 teure Sitzplätze und verbrauchte pro Flugstunde 25 Tonnen Kerosin: viermal so viel wie ein Airbus 300, in dem 265 Passagiere Platz fanden. Der erste Airbus des europäischen Flugzeugherstellers unter deutscher Beteiligung hatte 1972 nach siebenjähriger Entwicklung zum ersten Mal vom Boden abgehoben.
Auch die Deutsche Bahn legte an Tempo zu: 1971 wurde das Neue Intercity Netz in Betrieb genommen. Die vorerst exklusiven IC-Züge der DB erhielten erst 1979 Abteile der zweiten Klasse. 1977 wurde die letzte, auf der Emslandstrecke bis dahin noch regulär verkehrende Dampflok ausgemustert.

MILLIONEN BÜRGER LERNEN FLIEGEN

Immer mehr deutsche Urlauber zieht es in den sonnigen Süden. Immer zu Ferienbeginn setzte eine regelrechte Völkerwanderung zur »Badewanne Mittelmeer« ein, Benidorm statt Berchtesgaden war angesagt, und Torremolinos statt Travemünde.
Ferne Länder wurden durch allerlei Vorzüge der Pauschal- bzw. Charterreisen für viele immer attraktiver. Tourismuskonzerne wie beispielsweise TUI, Quelle, Neckermann oder auch DER bauten ihre Marktanteile kontinuierlich aus. Die größte privatwirtschaftliche Fluggesellschaft der Bundesrepublik dieser Jahre war die Bavaria/Germanair, hinter Condor die zweitgrößte Chartergesellschaft. Für das rasante Wachstum fehlte es jedoch an den notwendigen Bordmitteln. 1977 kaufte Hapag-Lloyd die Flotte.
Noch steckte die Kritik am Massentourismus in den Kinderschuhen, herrschte Euphorie in den Reiseländern über den üppig sprudelnden ökonomischen Gewinn. Auch wollte man an hehre Ziele wie Völkerverständigung und Toleranz glauben. Erst gegen Ende des Jahrzehnts dämmerte es den Experten, dass sich in Hotelstädten Urlauber-Ghettos gebildet hatten, ökologische und gesellschaftliche Verwerfungen einen hohen Risikofaktor darstellten. Zögerlich begann man, über den »sanften Tourismus« nachzudenken.
Auch DDR-Bürger, allerdings nur sehr wenige, konnten in den 70er Jahren Flugreisen mit einer Iljuschin 62 buchen. Interflug hieß die staatliche Fluglinie mit dem rot-weißen Logo. Destinationen waren Kuba, Vietnam, China, und vor allem Bulgarien. 1975 kostete beispielsweise eine Flugreise an das Schwarze Meer nach Varna für zwei Wochen im September etwa 1000 Mark pro Person inklusive Vollpension und »Taschengeld«.

Der Ford Capri war ursprünglich als »Pony Car« für Europa entwickelt worden. Dem ersten legendären Capri-Modell 1969 folgte 1974 das zweite und ab 1978 schließlich das Modell 3, das bis 1986 gebaut wurde. Die gefällige Karosserieform mit der langen Haube und dem kurzen Heck kam gut an. Die bequeme wie sportlich wirkende Limousine – mit allerdings nur 52 PS – kostete knapp 7000 DM.

Doppelscheinwerfer am Kühlergrill: Ein BMW 2800 E3 Sechszylinder aus dem Jahr 1974, mit 170 PS und 203 km/h Höchstgeschwindigkeit. Der Verbrauch von bis zu 17 Litern galt damals noch als sparsam!

Ein Opel Manta. Den Wagen gab es mit 68, 80 oder 90 PS, er wurde über eine Million Mal verkauft, 1988 lief der letzte vom Band. Das Auto wurde nicht nur Kult, sondern man glaubte, auch Rückschlüsse auf die Lenker ziehen zu können. »Manta«-Witze wie dieser sind der Beweis: Treffen sich zwei Manta-Fahrer. »Ey, ich hab mir nen Duden gekauft!« Der andere: »Und? Hassen schon eingebaut?«

Oben: »Erst gurten, dann starten«. Die Anschnallpflicht wurde im Jahr 1976 gesetzlich eingeführt, doch in den ersten Jahren hielten sich nur wenige daran …

Am 20. März 1974 rollte der erste Golf I in Wolfsburg vom Band. Er übertraf die Erfolgsgeschichte vom Käfer und wurde mit seinen Nachfolgemodellen zum erfolgreichsten in Deutschland gebauten Auto.

Oben: Alternatives Reisen und sanfter Tourismus werden in den 70er Jahren zu einem Imagefaktor, und in diesem Zusammenhang erlebt das Fahrrad ein Comeback.

Unten: »Rucksacktouristen« 1982 im Hamburger Hauptbahnhof. In den 70er Jahren hatten europäische Bahnen begonnen, mit InterRail um Jugendliche zu werben. Das Ticket ermöglichte einer ganzen Generation, flügge zu werden. Bis Mitte der 80er Jahre kostete der Kontinent minus Osteuropa noch 422 DM, dann kam es zu Preisänderungen, Preiserhöhungen, Zonenmodellen.

Oben: Heute kaum noch zu beobachten, in den 70er Jahren ganz normal: Reisen für umsonst. Anhalter, sogenannte Tramper, standen besonders gern zu Beginn der Ferienzeit an Autobahnauffahrten, wie hier bei Frankfurt-Süd.

Autobahn
Köln
Kassel
Mannheim
Karlsruhe

Oben: Wintersport-Zubringer: Kurzurlauber erreichen im Januar 1970 mit dem neuen Intercity-Express »Karwendel« der Deutschen Bundesbahn ihren Urlaubsort. Die Fahrt von Frankfurt am Main über Heidelberg, Stuttgart, München, Garmisch und Mittenwald dauerte sechs Stunden und 35 Minuten. Der »Karwendel« fuhr vom 31. Januar bis zum 27. März 1970 an jedem Wochenende, die 1. Klasse kostete 125,40 DM.

Rechts: Beim größten Flugzeugunglück auf deutschem Boden kamen am 14. August 1972 beim Absturz einer Iljuschin-62 der Interflug bei Königs Wusterhausen (DDR) alle 156 Passagiere und Besatzungsmitglieder ums Leben. Stewardessen und Piloten nehmen Abschied auf dem Waldfriedhof Wildau-Hoherlehne.

Links: Einen Volvo als Hochzeitsauto zu haben, wie dieses Paar in Moritzburg 1981, war in der DDR der Nomenklatura vorbehalten. Die SED-Führung hatte Ende der 70er Jahre, vorwiegend in eigenem Interesse, versucht, den Engpass in der inländischen Autoproduktion mit dem Import von einigen tausend West-Autos auszugleichen.

Unten: Von wegen klassenlose Gesellschaft. – Eine sowjetische Iljuschin-62 der DDR-Luftlinie Interflug. Mit einer Reisegeschwindigkeit von 850 Stundenkilometer beförderte die Maschine bis 150 Passagiere, zwölf davon durften in der 1. Klasse Platz nehmen.

Oben: Die Strandpromenade im Ostseebad Warnemünde, im Hintergrund das 18-stöckige »Hotel Neptun«. Das Fünfsterne-HO-Hotel mit 337 Zimmern hatte 1971 den Betrieb aufgenommen, bot eine Meerwasserschwimmhalle mit Wellenanlage, im 19. Stock eine Sky-Bar, deren Dach in lauen Sommernächten für den »Tanz unter Sternen« geöffnet wurde, und im Keller die erste offizielle Disco der DDR. Das Restaurant »Goldbroiler« gibt es heute noch.

Linke Seite unten links: Anfang der 70er Jahre wurde in Dresden die Kriegszerstörte Carolabrücke als Dr.-Rudolf-Friedrichs-Brücke neu errichtet. Heute trägt sie wieder ihren alten Namen.

Rechts unten: Im Hauptbahnhof Leipzig steht der Reichsbahn-Schnelltriebwagen VT 175. 1963 in Betrieb genommen, setzte er mit bis zu 160 Stundenkilometer mit Komfort und Eleganz neue Maßstäbe. Er erkehrte vorwiegend auf internationalen Strecken. Die Züge hatten klangvolle Namen wie »Vindobona« (Berlin-Prag-Wien) oder »Karola« (Leipzig-Karlovy Vary)

Unten: Die »MS Völkerfreundschaft« 1972 auf dem Atlantischen Ozean. Das FDGB-Urlauberschiff fuhr bis 1985 im Namen der DSR, dann wurde das inzwischen fast 40 Jahre alte »weiße Schaukelpferd« verkauft und in Oslo als Asylbewerber-Unterkunft stationiert. Nach mehreren gründlichen Umbauten ist das Schiff seit 2007 als Viersternekreuzer unter dem Namen »MS Athena« wieder für Urlaubsreisen im Einsatz, diesmal für den deutschen Veranstalter Vivamare.

80er Jahre

»Freie Bürger fordern freie Fahrt«

Urlaub zwei-, dreimal im Jahr und sanfter Tourismus

Autobahnausbau auf der Strecke Aalen–Würzburg im September 1987. Das deutsche Autobahnnetz hatte sich bis 1980 auf rund 7300 Kilometer Länge ausgedehnt, und sollte sich im Verlauf des Jahrzehnts um weitere 1400 Kilometer ausweiten.

»In der Bundesrepublik ist das Auto mit dem »sächsischen Akzent« in aller Munde.«

DIE WELT, 23.11.1989

Ein Lübecker Polizist mit dem neuen Schild der zulässigen Höchstgeschwindigkeit. Die erste Tempo-30-Zone war 1983 als Modellversuch in Buxtehude eingeführt worden. Dem guten Beispiel folgten bald zahlreiche andere Städte.

Die umstrittene Kampagne des ADAC »freie Fahrt für freie Bürger«, 1974 wenige Monate nach der Ölkrise gestartet und bei einem Höchststand von mehr als 20 000 Verkehrstoten pro Jahr, fand noch immer Widerhall. Während – bis auf Irland und Island – in allen anderen westeuropäischen Staaten bereits eine Geschwindigkeitsbegrenzung auf Autobahnen galt, gab es in der Bundesrepublik lediglich eine »Richtgeschwindigkeitsempfehlung« von 130 km/h.
Steigende Unfallzahlen – 1985 1,8 Millionen – und die hohe Umweltbelastung durch das Auto ließen die Forderung nach einem Tempolimit immer lauter werden. Ein Großversuch sollte klären, welche Schadstoffreduzierung durch eine Geschwindigkeitsbegrenzung erzielt werden könne. Das Versuchsergebnis interpretierte die damalige konservativ-liberale Bundesregierung dahingehend, dass ein Tempolimit nicht notwendig sei. Man beugte sich der Autoindustrie, die auch weiterhin ihre immer schneller werdenden Modelle verkaufen wollte. Die deutsche Volkswirtschaft sei nun mal auf Gedeih und Verderb auf den Autobau ausgerichtet, hieß es achselzuckend. Ansätze einer alternativen Verkehrspolitik wurden in diesem Jahrzehnt nur halbherzig verfolgt, im Gegenteil, die Regierung förderte den Ausbau des Straßennetzes.

DER LANGE WEG ZUM DEUTSCHEN HOCHGESCHWINDIGKEITSZUG

Mit Hochgeschwindigkeitszügen wie dem »Intercity Experimental« (ICE V) versuchte die Bahn eine attraktive Alternative zum Auto im Fernverkehr zu entwickeln. In unzähligen Probefahrten beschleunigte der fünfteilige Versuchstriebzug auf immer höhere Geschwindigkeiten. Am 14. November 1985 erlangte er erstmals die 300-Stundenkilometer-Grenze, und zwölf Tage danach, am Tag der offiziellen Jungfernfahrt, erreichte er auf der Strecke Gütersloh – Hamm 317 km/h.
Drei Jahre später fuhr der ICE-V auf der Neubaustrecke Hannover – Würzburg mit 406,9 km/h Weltrekord. Damit hatte auch in Deutschland endgültig das Zeitalter des Hochgeschwindigkeitsverkehrs begonnen.
Dem ehrgeizigen Siemens-ThyssenKrupp-Projekt des Transrapid, der schwebend mit 500 km/h über elektromagnetische Trassen rast, schien die Zukunft zu gehören. 1980 begann der Bau der Transrapid Versuchsstrecke im Emsland, im Oktober 1983 schwebte er erstmals öffentlich sichtbar über die Anlage. Man hoffte, dass die erste reguläre Magnetschwebebahn in den 90er Jahren zwischen den Flughäfen Düsseldorf und Köln/Bonn verkehren könnte. Doch daraus wurde nichts.

SMALL IS BEAUTIFUL (UND SINNVOLL)

Anfang der 80er Jahre geht es in der Autoindustrie zunehmend um das Thema »Energiesparen«. Bei den Neuvorstellungen stehen Wirtschaftlichkeit und Aerodynamik im Vordergrund. Damit entsprach man den Sparsamkeitswünschen der Verbraucher: Denn wachsendes Energiebewusstsein und steigende Benzinpreise machten kleinere und mittlere Autos immer interessanter. Diesem Trend folgten die

DIE WELT – Nr. 275
Samstag, 25. November 1989

AUTO WELT

25

Als Trabis Zündfunke auf ein ganzes Volk übersprang

Obwohl Neuheiten aus westlicher Fertigung die großen Branchenpreise und -titel kassierten: der Trabi ist das eigentliche „Auto des Jahres". Regierungssprecher Hans Klein hat den sozialistischen Einheitswagen aus Zwickau schon auf der Frankfurter Automobil-Ausstellung so gekürt: „Der Trabant hat Tausende von Menschen in die Freiheit gebracht." Das gilt ungleich stärker nach den letzten Wochen.

In der Bundesrepublik ist das Auto mit dem „sächsischen Akzent" in aller Munde. Es gibt mittlerweile ebenso viele Witze über den Trabi wie über die Ostfriesen, und Passanten, die ihn sehen, klopfen ihm freundlich aufs Dach. Wir wollten wissen, was an diesem Wagen dran ist, der in der Popularität zur Zeit Rolls und Ferrari auszustechen in der Lage ist.

Unser „Testwagen" glänzt matt in der Sonne – grün, wie nicht ganz blank polierte Badezimmerfliesen, mit einem Stich Metallic. Ich öffne die federleichte Kunststoff-Tür. Die Armaturen beschränken sich auf Tachometer und Benzinuhr. Neben dem spindeldürren Lenkrad dominiert die sogenannte Revolverschaltung. Der Besitzer weist mich in die Technik ein. „Außer der Gangschaltung ist fast alles wie bei euch: Radio, Blinker, Sicherheitsgurte." Dann gibt er mir noch einen Tip für den praktischen Fahrbetrieb: „Das größte Pfund hat er im Dritten so bis 58, 60." Ehrfürchtiges Schweigen.

Ich drehe den Zündschlüssel. Willig springt der Trabi an. Der erste Gang ist selbstverständlich nur zum Anfahren gedacht. Also schnell die Türklinken-Schaltung nach oben ziehen und in den zweiten. Dämm-Material wird in der DDR für Trabis nicht verschwendet, und so kann ich den kernigen Klang des Motors voll genießen. Bei 35 Stundenkilometer wird der Wagen doch sehr laut, und ich schalte in den dritten Gang. Da ist es, das Gefühl von Kraft und Freude. Sauber beschleunigt das Auto auf 75. An diesem Punkt muß man unbedingt in den Vierten schalten. Der enttäuscht allerdings: Schlaff bleibt der Gang irgendwo zwischen Getriebe und Motor hängen. Von Drehmoment keine Spur. Ist ja auch kein Wunder bei 595 ccm und 26 PS.

Ich rolle durch das wunderschöne Ruhrtal nach Essen-Werden. Probleme gibt's am Berg. Mühsam quält sich das Kleinauto zum Gipfel. Man hat Zeit für die Natur: Über dem Ruhrtal hängt ein lichter, hellblauer Schleier.

Bei gemächlicher Fahrt kann ich die vielen freundlichen Gesichter der Entgegenkommenden sehen. (Wie die Menschen hinter mir dreinschauen, bleibt meist im Dunst verborgen, den der kleine volkseigene Stinker abbläst.)

Die Landstraße ist wenig befahren, gerade recht für Geschwindigkeitsmessungen. So nach und nach komme ich auf 80. (Gemessen benötigt der Wagen für den Sprint auf dieses Tempo 18 Sekunden.) Der hochtourige luftgekühlte Zweitakt-Zweizylinder heult gequält. Ich will die 100 Stundenkilometer erreichen, die das Werk verspricht. 100 ist für Trabanten die Schallgrenze. Diese Geschwindigkeit fällt praktischerweise mit dem Tempolimit in der DDR zusammen, und deshalb war das dort auch nie ein Diskussionsthema.

Zwischenstation: Der Trabant vor Schloß Hugenpoet in Essen. Links der Motorraum des Trabi. 26 Liter faßt der Tank (links in der Ecke), aus dem sich der DDR-Mini mit dem nötigen Benzin-Öl-Gemisch (1:50) versorgt.
FOTOS: JO GOERTZ

Auf Bundesautobahnen wirkt man im Trabi fast verloren. Längere Fahrten absolviert man am besten, indem man sich an einen nicht allzu schnellen Lkw hängt. Im Windschatten bringt er seine beste Tempoleistung.

Autobahn, Landstraße, abgelegene Wege, fast behutsam steuert man den DDR-Mini, um ihn nicht zu überfordern. Schloß Hugenpoet, die gute Stube des Reviers, kommt in Sicht. Ich lenke den Trabi durch das steinerne Tor direkt vors Hauptportal. Sekunden später stürmt ein livrierter Boy aus dem schönen Schloß. „Hier können Sie nicht stehenbleiben", ruft er entsetzt. Der Geschäftsführer eilt herbei, murmelt etwas von Geschäftsschädigung und beruhigt sich erst, als ich nach einem Erinnerungsfoto wieder ins Auto steige.

Besucher kommen aus dem Schloß, wollen alles über das außergewöhnliche Auto wissen: 1955 wurde der P 70 in der DDR auf der Frühjahrsmesse erstmals vorgestellt. Er hat sich seitdem in Form und Inhalt kaum verändert. Sein wichtigstes Plus: Kein Rost kann der Karosse etwas anhaben, denn die besteht aus Plastik. Es ist nicht selten, daß Automobile aus Zwickau ihre fünfzehn, zwanzig Jahre auf dem PVC-Buckel haben und weit besser in Schuß sind als gleichaltrige Gebrauchte aus Köln oder Wolfsburg.

Konkurrenzfähig nach allgemeinen Testkriterien ist der Trabi natürlich nicht, das stand von Anfang an außer Frage. Doch vielleicht wird die Situation mit dem neuen VW-Polo-Motor, der in der DDR gefertigt wird, grundlegend verbessert. Der kleinste Polo-Motor hat mehr als doppelt so viele Pferdestärken wie der Trabi heute und sorgt für deutlich bessere Beschleunigungsmöglichkeiten.

Doch auch so, wie er da steht, hat der Trabant seine Werte. Lesen Sie nur einmal das letzte Kapitel seiner Lebensgeschichte: Am 6. Oktober flüchtete eine Familie mit ihm in den Westen. Uwe Scheffler, der Besitzer, hatte seine Frau und die zwei Kinder nonstop („nur mit Schlafpausen im Auto") von Halle-Neustadt über die ČSSR, Ungarn und Österreich nach Passau gefahren: „1800 Kilometer ohne Probleme". Wenn das nichts ist …

HEINZ R. SCHEIKA

*

Die Technik des Trabant: Luftgekühlter Zweizylinder-Zweitaktmotor, Hubraum 595 ccm, Leistung 26 PS. Vorderradantrieb, vollsynchronisiertes Vierganggetriebe mit Freilauf im vierten Gang. Einzelradaufhängung vorn und hinten mit Dreieckslenkern und Schraubenfedern hinten, Teleskopstoßdämpfer, Zahnstangenlenkung, Trommelbremsen vorn und hinten. Der Verbrauch wird mit knapp sieben Liter 2-Takt-Gemisch im Drittelmix angegeben.

Das Testat

BMW 318iS

Die „kleine" Baureihe der Bayerischen Motorenwerke war mit breiter Motorenstaffelung ausgesprochen erfolgreich. Als wohl letzte Variante vor der Einführung der kommenden Dreier-Generation präsentierte BMW einen Zweitürer mit dem ersten Großserien-Vierventiler. Dieses Triebwerk paßt gut zum Markenimage und zum Gesamtbild des kompakten Sportlers. Lediglich vom Preis her scheint der 318iS nicht in die Staffelung der Modell-Liste zu passen. Er ist rund 1000 Mark billiger als der 320i, aber diesem Typ in nahezu allen Fahrbereichen überlegen. Der Preis für das 136-PS-Auto mit Katalysator beträgt 32 700 Mark. Allerdings muß man das Anti-Blockier-System (2000 Mark), die Servo-Lenkung (1200 Mark) und sinnvolle Extras wie eine Zentralverriegelung (500 Mark) hinzurechnen.

Karosserie:	Die Form des Dreier unterscheidet sich wohltuend von den üblichen Einheitsflundern. Den 318iS erkennt man am großen Frontspoiler, einem kleinen Pürzel am Kofferraum und daran, daß auf Chrom verzichtet wurde. Gute Übersichtlichkeit. Nachteil: Nur zwei Türen.	**gut**
Innenraum:	Hier zeigt sich das typische Fahrerauto. Optimale Sitzposition vorne. Wenig Knieraum auf der Rückbank. Die Funktionalität der Ausstattung ist elegant verpackt.	**befriedigend**
Motor:	Der wassergekühlte Vierzylinderreihenmotor, vorn längs eingebaut, mit zwei obenliegenden Nockenwellen und vier Ventilen pro Zylinder besticht durch sein Drehmoment (95,8 Nm-Liter). Günstige Leistungscharakteristik, kultivierter Lauf, optimal angepaßtes Fünfganggetriebe, Beschleunigung von null auf 100: 9,5 Sekunden. Höchstgeschwindigkeit: 208 km/h. Verbrauch: 10,5 Liter.	**sehr gut**
Straßenlage:	Das Fahrgestell (Federbeine mit Querlenkern, hinten schräg gestellte Längslenker) wurde mit strafferen Gasdruck-Stoßdämpfern und einem zusätzlichen Stabilisator an der Hinterachse verbessert. Problemloses Fahrverhalten, in Kurven bis in den Grenzbereich neutral. Leichte (kontrollierbare) Übersteuerneigung bei Nässe.	**gut**
Fahrkomfort:	Der gute Kompromiß zwischen sportlicher Härte und Bequemlichkeit auf Langstrecken wurde durch die Modifizierung leicht beeinträchtigt. Lange Wellen schlagen durch. Niedrige Innenraumgeräusche durch gute Dämmarbeit.	**befriedigend**
Bedienung:	Wie bei allen BMW-Produkten exzellentes Handling, leichtgängige Schaltung, außergewöhnlich gut gestaltete und übersichtliche Armaturen sowie Bedienungselemente. Nachteil: Die unbedingt nötige Servolenkung nur gegen Aufpreis. Gut zu dosierende, standfeste Bremsen.	**gut**
Verarbeitung:	Die Verarbeitungsqualität wurde nochmals gesteigert. Hochwertiges Material, guter Lack. Saubere Detaillösungen.	**gut**

GESAMTURTEIL

Der 318iS entspricht ziemlich genau den Vorstellungen, die BMW-Kunden vom Dreier haben. Er ist sportlich, temperamentvoll und harmonisch abgestimmt. Da der Preis angemessen blieb, die Wirtschaftlichkeit stimmt und die Wiederverkaufschancen überdurchschnittlich gut sind, ist dieses Fahrzeug in seiner Klasse eine echte Kaufempfehlung. HOR

Uno nochmals verändert

M. I. **Heilbronn**

Kaum ein Auto in der Kompaktklasse ist so häufig verändert worden wie der Uno. Obgleich die Zulassungsstatistik den kleinen Italiener hierzulande als beliebtestes Importmodell seiner Klasse ausweist, erhielt der Bestseller jetzt eine umfangreiche Modellpflege.

Ein neuer Kühlergrill sorgt für mehr Familienähnlichkeit zum großen Bruder Tipo. In Verbindung mit dezentem Feinschliff an Front- und Heckpartie ergibt sich ein für diese Klasse ungewöhnlich geringer Luftwiderstand (cw-Wert 0,30). Auffälliger sind die Änderungen im Innenraum. Neben besser ausgeformten Vordersitzen fällt besonders das neue Armaturenbrett auf. Die oft bemängelten Kippschalter für Beleuchtung, Blinker und Scheibenwischer mußten praktischeren Bedienelementen weichen. Alle wichtigen Funktionen können nun über Lenkstockhebel dirigiert werden, sogar die Hupe wanderte in die Lenkradmitte.

Die Motorenpalette vom 1,0 l/44-PS-Vergaser bis zum 100 PS starken, 1,3-l-Turbo ergänzt im Dezember ein neuer 1,4 l/70-PS-Einspritzer mit geregeltem Kat, der jedoch nur als Zweitürer angeboten wird. Trotz erheblicher Verbesserungen bleibt der Preis für das Einstiegsmodell mit 13 190 Mark beim alten.

Fahrspaß mit Automatik im kleinsten Lancia

P. H. **Nizza**

Der Anteil von Automatikgetrieben in Personenwagen beträgt rund zehn bis 15 Prozent. Schon Mitte der neunziger Jahre, so glauben Experten, könnte sich die Zahl verdoppelt haben. Daß dabei der Spaß am Schalten nicht auf der Strecke bleiben muß, hat Porsche mit der Tiptronic unter Beweis gestellt, wo neben der Automatikkulisse eine zweite Ebene für den Handschaltbetrieb zur Verfügung steht.

Während die Tiptronic das Maß aller Automatik-Dinge bei Sportwagen und zukünftigen Oberklasse-Limousinen sein wird, hat Lancia jetzt wohl das optimale Automatik-System für die Kompaktklasse vorgestellt. Im Y10 selectronic arbeitet ein stufenloses Getriebe nach dem Van Doorne-Prinzip (Riemenantrieb), wie es bereits im Ford Fiesta und Fiat Uno vorgestellt wurde. Im kleinen, feinen Lancia-Stadtwagen Y10 handelt es sich dabei um eine Entwicklung von Lancia und der japanischen Firma Fuji, die nun elektronisch geregelt ist und die beiden Vorwärts-Fahrstufen „Drive" und „Low" aufweist.

Während „Drive" vom Start bis zur Höchstgeschwindigkeit reicht, hält die Position „Low" ein kürzeres Übersetzungsverhältnis bereit, das einer besseren Beschleunigung, vor allem aber dem Einsatz der Motorbremse vor Kurven und bei Bergabfahrten dient. Überdies läßt sich so während der Fahrt spielend leicht zwischen den beiden Gangstufen hin- und herschalten, was viel Spaß bereitet und den Fahrstreß abbaut, wie Lancia an Hand von Pulsschlagmessungen festgestellt hat.

Der mit elektrisch zu betätigenden Fensterhebern, Zentralverriegelung, Leichtmetallfelgen und Colorscheiben recht luxuriös ausgestattete Y10 selectronic bekommt für die Bundesrepublik einen 50-PS-Einspritzmotor mit geregeltem Katalysator, ist 150 km/h schnell und wird im Frühjahr zu einem Preis von 17 250 Mark angeboten.

Für ALLE, Kontakte
und Reisefreiheit
nach Ost und
Für eine
des POLITISCHEN

Linke Seite: Auf der Abschlusskundgebung am 18. September 1987 zum Olaf-Palme-Friedenslauf fordern Oppositionelle auf dem Schlossplatz von Dresden Reisefreiheit. Diese Sehnsucht war einer der größten Wünsche der DDR-Bürger. Es sollte nicht mehr lange dauern, bis sie gestillt werden konnte.

Unten: Endlich raus hier: Die Grenzen waren offen, und jeder, der konnte, nahm die Chance wahr, eine Stippvisite in die unbekannte Hälfte des »anderen« Deutschland zu unternehmen. Am 11. November 1989 bildete sich diese lange Autoschlange, vor allem aus Trabbis und Ladas, am Grenzübergang Rudolphstein Richtung Westen.

In Deutschland wurden seit Mitte der 80er Jahre – begünstigt durch Steuererleichterungen – immer mehr Katalysatoren in Fahrzeuge eingebaut. Schon drei Jahre vor der rechtlichen Verpflichtung (1993) war nahezu jedes neu zugelassene Fahrzeug mit einem Katalysator ausgerüstet.

Ein vernünftiger Kleiner: 1976 waren auf deutschen Straßen vom Ford Fiesta mehr als 2,5 Millionen Stück unterwegs. Der Zweitürer hatte bereits in seiner ersten Version Produktions- und Zulassungsrekorde verbucht. 1983 kam der Fiesta II auf dem Markt, ihn gab es ab 1985 auch als ersten deutschen Kleinwagen mit Dieselmotor. ABS gehörte seit 1989 zur Serienausstattung, fünf Jahre später war er der erste Kleinwagen Deutschland, der serienmäßigem mit Fahrer-Airbag ausgestattet war.

Was passt da nicht alles rein – in den Kofferraum des neuen Opel Corsa. Der Kleinwagen von Opel war ab 1982 auf Deutschlands Straßen zu sehen. Gebaut wurde er in einem General-Motors-Werk in Spanien.

Über 1200 neue Limousinen vom Typ 190 und 190 E stehen am 7. Dezember 1982 auf dem Parkplatz des Daimler-Benz-Werkes in Sindelfingen bereit für die Auslieferung an die Mercedes-Händler. Weihnachten kann kommen!

Ein Mercedes-Benz der S-Klasse, der luxuriösen Oberklasse, 1979 bei einem Test im Windkanal.

Oben: Ein neues Zug-Zeitalter kündigt sich an: Der Triebwagen des jungfräulichen Hochgeschwindigkeitszugs Intercity-Experimental (ICE) bei der Vorstellung am 19. März 1985 auf dem Gelände der Firma Krupp in Essen. Der Zug erreichte 350 Stundenkilometer Höchstgeschwindigkeit.

Rechts: Techno-Hoffnung Transrapid: Der TR 06 war das erste Großfahrzeug, das auf der 1984 in Betrieb genommenen Teststrecke im Emsland eingesetzt wurde. 65 000 Kilometer Fahrstrecke legte er zurück und fuhr im Januar 1988 erstmals 412 Stundenkilometer schnell.

Rechte Seite: Widerstand gegen den Wachstumswahn: Einige Tausend Demonstranten protestierten im Oktober 1981 gegen die geplante Startbahn-West in Frankfurt am Main. Sie sollte sich zum kontroversen politischen Dauerthema dieser Zeit entwickeln.

Rech
zem
sowj
zeug
134
in d
ner
ab.
aus
tot g
ware

90ER JAHRE

Vielfalt ohne Grenzen

Im Winter in die Berge oder an exotische Südseestrände

Der deutsche Wissenschaftler Ulf Merbold (Mitte) mit sechs weiteren Astronauten vor dem Space-Shuttle-Start am 22. Januar 1992 in Cape Canaveral/Florida. Es war bereits sein zweiter Flug ins All.

»Das Image vom preiswerten Japaner ist bereits Vergangenheit«

DIE WELT, 02.10.1990

Nicht die alten Bäume der schönen Alleen waren schuld, wenn junge Fahrer nach der Wende mit schnellen West-Pkws in Ostdeutschland an Bäumen verkanteten. Hier bei Naumburg in Sachsen-Anhalt auf der B 87. Der Lenker dieses Unglücksfahrzeugs konnte schwer verletzt gerettet werden.

Die Wiedervereinigung stellte die gesamtdeutsche Verkehrspolitik auf eine große Bewährungsprobe. Sie musste die Voraussetzungen für eine Eingliederung der neuen Bundesländer in das überregionale und nationale Verkehrsnetz schaffen. Dabei setzten die Entscheidungsträger unbeirrt weiter auf den Individualverkehr, sprich aufs Auto. In den neuen Bundesländern war zu Beginn des Jahrzehnts der Pkw-Bestand sogleich um 23,5 Prozent angestiegen.
Annähernd 50 Millionen Pkws mit deutschem Nummernschild waren auf den Straßen unterwegs. Kamen 1989 auf 1000 Einwohner 230 Pkws, so waren es sechs Jahre später, nicht zuletzt infolge immer zahlreicherer Geschäftswagen 392 Pkws.
Der Pkw-Anteil am Personenverkehr war 1993 auf satte 82,2 Prozent geklettert! Auf den öffentlichen Nahverkehr (Bus, Straßen-, S- und U-Bahn) entfielen gerade mal neun Prozent, auf die Bahn 6,4, auf das Flugzeug 2,4. Beim Gütertransport lag der Anteil der Lkws bei 62,2 Prozent, die Bahn kam auf 18 Prozent.

DAS ICE-ZEITALTER BEGINNT

Das eigentliche Zeitalter der schnellen Bahn begann 1991 mit der Inbetriebnahme der ICE-1-Flotte und zwei Hochgeschwindigkeitsstrecken: den Verbindungen Mannheim – Stuttgart und Hannover – Würzburg.
Nach der Wiedervereinigung waren große staatliche Investitionen notwendig, um Schienenwege zwischen Ost und West auszubauen und die veraltete Infrastruktur der ehemaligen Reichsbahn zu modernisieren. Berlin wurde an das ICE-Netz angeschlossen.
Die Bundesregierung befreite die Bahn von ihrer Schuldenlast und leitete eine umfangreiche Umstrukturierung ein: Am 1. Januar 1994 trat die umfassende wie folgenreiche Bahnreform in Kraft. Die Deutsche Bundesbahn sowie Deutsche Reichsbahn wurden privatisiert, d. h. die Staatsbetriebe wurden in eine AG umgewandelt. Die Deutsche Bahn AG sollte wirtschaftlicher arbeiten als die ehemalige Behörde. Für das nächste Jahrzehnt war der Börsengang vorgesehen.
Diese Reform brachte nicht nur Vorteile. Das spürten vor allem die Passagiere. Waren früher 91 Prozent der Züge pünktlich, so waren es jetzt nur noch 79 Prozent.
Am 1. Januar 1996 begann ein neues Kapitel in der Geschichte des deutschen Bahnwesens: Mit der Regionalisierung des Schienen-Personennahverkehrs ging die Zuständigkeit vom Bund auf die Länder über. Dafür gab es 8,7 Milliarden DM aus Mitteln des Bundes als Beihilfe.

DREILITERAUTO IN SICHT UND WIEDER NICHT

1992 war ein Boomjahr für die deutsche Automobilindustrie, danach stagnierte die Produktion für fünf Jahre, 1997 stieg sie wieder an. Allein im Inland wurden 5,022 Millionen Pkws produziert, dazu kamen in den Aus-

Dienstag, 2. Oktober 1990 – Nr. 230 DIE WELT 3

„Die Schlinge um unseren Hals zieht sich fester zu“

Leere Zimmer in den Touristenhotels, gähnende Leere auch im Hafen von Akaba, Jordaniens einzigem Zugang zum Meer. „Es ist so, als ob die UNO-Blockade gegen den Irak gegen uns gerichtet wäre“, empören sich die Jordanier. Doch obwohl ihr Land kurz vor dem wirtschaftlichen Bankrott steht, läßt ihre Begeisterung für Saddam Hussein nicht nach.

Von EVANGELOS ANTONAROS

Das phantastische Sonderangebot gilt nur für Jordanier und Iraker, alle anderen müssen den vollen Preis bezahlen. Wer den richtigen Paß vorweisen kann, bekommt im Drei-Sterne-Hotel „Aquamarina“ in Akaba am Roten Meer ein Bett schon ab 14 Mark und kann nach dem Abendessen mit arabischen Köstlichkeiten zu den Melodien des Trios „Gli Amici“ das Tanzbein schwingen. Eine dementsprechende Anzeige in der Ortspresse verrät nicht nur, welches arabische Brudervolk bei den knapp drei Millionen Jordaniern zur Zeit hoch im Kurs steht. Sie zeigt auch, wie groß die Wirtschaftsprobleme sind, wenn ausgerechnet zu Beginn der Hauptsaison die Zimmer in Jordaniens wichtigstem Touristenort zu Schleuderpreisen vergeben werden. Aber auch zu diesen supergünstigen Konditionen will sie so gut wie keiner haben: Jedes zweite Hotel in Akaba bleibt geschlossen; mit einer Belegung von mehr als 15 Prozent rechnet sowieso niemand mehr. „Wir kommen nicht einmal auf unsere Kosten“, beklagt sich ein Hotelbesitzer. Weit und breit ist kein westlicher Ausländer zu sehen.

Auch im Hafen von Akaba, Jordaniens einzigem Zugang zum Meer, herrscht gähnende Leere: Nur alte Fähren, die aus Kuwait und dem Irak fliehende ägyptische Gastarbeiter abholen, liegen am Kai, von den knapp 200 Handelsschiffen, die früher hier im Monatsdurchschnitt ihre Fracht gelöscht haben, keine Spur. „Wir gehen einfach unter, die Hafenkosten sind immens. Der Warenverkehr ist um 80 Prozent zurückgegangen“, beklagt sich ein führender Schiffsagent.

Seit die Vereinten Nationen eine Handelsblockade gegen den Irak verhängt haben, leidet auch Jordanien darunter. „Es ist so, als ob die Blockade gegen uns gerichtet wäre“, empört sich ein Diplomat im jordanischen Außenministerium. Fast 75 Prozent aller Waren, die einst in Akaba gelöscht wurden, waren früher für den Irak bestimmt; mit Tausenden von Lastwagen wurden sie ins Nachbarland transportiert. Weil aber jetzt keine Ware den Irak erreichen darf, werden auch Ladungen für Jordanien von den Amerikanern, die jedes Schiff auf dem Weg nach Akaba durchsuchen, einfach zurückgewiesen, selbst wenn nur 30 bis 40 Prozent der Container für Jordanien bestimmt sind. „Die Amerikaner treiben Jordanien in den Bankrott“, meint ein westlicher Botschafter.

„Wir werden stranguliert. Steckt politische Berechnung dahinter?“ fragte am Wochenende Jordaniens Kronprinz Hassan, der seinen Bruder, König Hussein, bei der UNO-Vollversammlung in New York vertrat. Was der fließend englisch sprechende Prinz nur vorsichtig als Verdacht äußerte, ist für fast jeden Jordanier eine Tatsache: „Man zieht die Schlinge um unseren Hals fester, weil wir uns dem Diktat der Amerikaner nicht gebeugt haben“, glaubt Leyla, eine attraktive Mathematiklehrerin, zu wissen. Das Land müsse angeblich in die Knie gezwungen werden, um sich von Saddam Hussein loszulösen.

Aber dazu wird es, dazu kann es nicht kommen. Denn in keinem anderen arabischen Land ist die Begeisterung über Iraks Saddam Hussein so groß wie in seinem armen Nachbarland: Keine einzige Zeitung Jordaniens druckt ein Wort der Kritik an Bagdad. Im Gegenteil: Die Amerikaner und ihre „willfährigen Verbündeten“ unter den Arabern werden täglich an den Pranger gestellt. Überall, ob an Hauswänden, in Geschäften oder auf den Windschutzscheiben der Autos, kleben Fotos des irakischen Machthabers. Sogar im Geschäft des Luxushotels „Marriott“ in Amman gehen Abzeichen mit dem Konterfei des irakischen Diktators für 750 Fils, umgerechnet zwei Mark, wie warme Semmeln weg.

Jordanien – ein Sonderfall in der arabischen Welt

„Er hat uns Arabern den Weg der Würde gezeigt“, sagt stolz ein Universitätsprofessor. Natürlich sei der Überfall auf Kuwait bedenklich – aber nicht entscheidend: „Wichtig ist, daß sich ein arabischer Führer von den Amerikanern nicht unterbuttern ließ.“ König Hussein und seine Minister verurteilen zwar auf Schritt und Tritt Kuwaits Annexion durch die Iraker; doch in einem Land wie Jordanien, wo das Pro-Kopf-Einkommen knapp 1500 Dollar beträgt, hat man wenig Sympathien für ein Land wie Kuwait mit dem zehnfachen Einkommen. „Wir Araber sind doch ein Volk. Ist es gerecht, wenn ein kleines Land solche Schätze für sich in Anspruch nimmt?“ Solche Sätze bekommen Besucher aus dem Westen nicht nur von Verkäufern in der Altstadt von Amman, sondern auch in gehobenen Kreisen zu hören.

Zugegeben: Jordanien ist ein Sonderfall in der arabischen Welt. Mehr als die Hälfte seiner Bevölkerung ist palästinensischer Abstammung; Zehntausende dieser Menschen leben noch in sogenannten Flüchtlingslagern, teilweise mitten in den Städten, und prägen so Denken und Handeln der Gesamtbevölkerung. „Hussein, gib uns Waffen!“ schrieen ein paar tausend Fanatiker vergangene Woche bei einer proirakischen Demonstration in Amman.

Die geographische Nähe zu Israel ist eine weitere Belastung. Auch viele Nichtpalästinenser neigen zu der Überzeugung, daß Saddam Husseins „mutige Haltung“, so eine Zeitung, das Palästina-Problem seiner Lösung ein Stück näher bringen könnte. „Die Amerikaner haben hier keine Chance“, glauben fast alle. „Ihr Blut wird die Wüste rot färben.“ Extremisten wie Naweh Hawatmeh und Georges Habbasch, die seit 1970, als es zu einem Showdown zwischen dem König und radikalen Palästinensern kam, in diesem Land nicht mehr aufgetreten waren, werden überall wie Volkshelden empfangen, geben Pressekonferenzen, drohen dem Westen Terroranschläge an, ohne die Konfrontation mit Jordaniens Behörden befürchten zu müssen.

Wer nutzt wen in dieser Konstellation aus? Zweifellos ist König Hussein, seit 1951 auf dem Haschemitenthron, so populär wie nie zuvor. Mußte er 1989 wegen starker Unruhen vor allem im Süden seines Landes um seinen Thron bangen, so fühlt er sich nun sicher. Sogar fundamentalistische Abgeordnete, die die neue treibende Kraft im bisher säkularen Jordanien sind, stehen geschlossen hinter ihm. Wäre es so gewesen, wenn der prowestliche König seinen traditionellen Alliierten treu geblieben wäre? „Dann wäre der Thron akut gefährdet“, räumt freimütig ein westeuropäischer Botschafter ein. Ob Hussein, der seit Beginn der Krise gealtert, angespannt und niedergeschlagen wirkt, die Palästinenser und die mit Bagdad sympathisierenden Jordanier, die ihm nun den Rücken freihalten, tatsächlich kontrolliert, ist allerdings äußerst fraglich.

Zur Explosion könnte es kommen, sollte sich, wie erwartet, die Wirtschaftslage in den nächsten Monaten verschlechtern. Der Schulterschluß mit dem Irak hat nämlich die jordanische Wirtschaft Hunderte Millionen Dollar gekostet: Auf 2,2 Milliarden Dollar schätzt Finanzminister Basel Jardaneh Jordaniens Verluste in harter Währung, von Nebeneffekten wie höhere Arbeitslosigkeit (100 000 Jordanier waren in Kuwait tätig), höhere Ölpreise, Verknappung wichtiger Nahrungsmittel und Zusammenbruch von ganzen Wirtschaftsbereichen vom Tourismus bis zum Transportwesen gar nicht zu sprechen. Jardaneh forderte daher eine westliche Soforthilfe in Höhe von „mindestens 1,5 Milliarden Dollar“, während Kronprinz Hassan das bisherige Ausbleiben auch nur einer einzigen Überweisung beklagte.

Jordanien befindet sich in der seltsamen Situation, zwischen allen Stühlen zu sitzen, seine Verbündeten, von denen es bisher mit Finanzspritzen versorgt wurde, verloren zu haben, ohne neue dazugewonnen zu haben. Saudi-Arabien hat sogar die Öllieferungen gestoppt und die einst großzügige Finanzhilfe eingestellt. Auch aus Kuwait kommt nichts mehr, weil König Husseins Doppelzüngigkeit keine Anhänger bei der kuwaitischen Exilregierung in Taif findet. Vom Irak darf Amman wiederum wenig erwarten: Sogar eine Rate zur Rückzahlung eines alten Kredits in Höhe von monatlich zwölf Millionen Dollar blieb in den beiden vergangenen Monaten aus. Was Bagdad liefern kann, ist nur Erdöl. Aber die aus dem Nachbarland fließenden Ölmengen decken den Bedarf kaum noch. Zwar sind Hunderte von Tankwagen auf der Wüstenstraße zu sehen, die Amman mit der irakischen Grenze verbindet; doch macht in der Hauptstadt das Gerücht die Runde, daß trotz Beteuerungen von amtlicher Seite, wonach der Treibstoff- und Heizölbedarf für den kommenden Winter gewährleistet sein soll, mit einer Rationierung gerechnet werden müsse.

Die Flaute im jordanischen Tourismus und im Transportwesen zwingt viele zum Müßiggang. Der Schulterschluß mit dem Irak kostete die Wirtschaft des haschemitischen Königreiches bereits Hunderte Millionen Dollar FOTO: AFP

Taxifahrer Wail hortet für alle Fälle Dollars

Taxifahrer Wail hat andere Sorgen. Ihm fehlt nicht der Sprit, sondern die Kundschaft. Nur drei Fahrten macht er im Tagesdurchschnitt, obwohl er mit seinem zwölf Jahre alten Mercedes vor einem Luxushotel auf Kundenfang geht. „Kann man davon leben?“ fragt der 45jährige Vater von drei Kindern. Eben nicht. Seit dem Ausbruch der Krise gehen die Leute mit ihrem Geld sparsamer um, auch die Geschäftsleute aus dem Ausland machen sich rar. Taxifahrer Wail macht sich über seine Zukunft Gedanken und kauft Dollar mit einem Aufgeld von 15 bis 20 Prozent auf dem Schwarzmarkt ein. „Vielleicht kehre ich nach Palästina zurück.“

Anders als Wail hat Jihad dort keine Wurzeln. Als Exilpalästinenser ist er in Saudi-Arabien geboren und dort aufgewachsen, in Jordanien hat er Anglistik studiert. Aber seit Monaten geht er vergeblich auf Jobsuche. „Weit und breit nichts zu finden, sogar als Kellner habe ich mich beworben“, erzählt der junge Mann, der sich vom Allernötigsten ernährt. „Selbst wenn ich Arbeit hätte, käme ich mit 100 Dinar (etwa 260 Mark), die ich verdienen würde, kaum über die Runden.“ Deswegen denkt er an Auswanderung. Doch vor der amerikanischen Botschaft stehen die jungen Menschen, die ihrer Heimat den Rücken kehren wollen, Schlange.

Noch hungert in Jordanien keiner, auch wenn einige wichtige Grundnahrungsmittel, darunter Milch, Reis, Mehl und Zucker, seit einigen Wochen rationiert sind. „Dadurch soll vor allem sichergestellt werden, daß die Preise nicht in die Höhe schnellen“, erläutert ein Journalist die Regierungsentscheidung. Wer sich mit seinen Lebensmittelkarten eindeckt, kauft billig ein. Auf dem freien Markt hingegen, wo es frische Milch, aber auch Obst und Gemüse in großen Mengen gibt, sind die Preise doppelt, manchmal dreimal so hoch.

Arafat Habiba ist ein Opfer der wilden Preissprünge. Der Konditor in der Innenstadt von Amman hat über Nacht die Hälfte seiner Kunden verloren, als in Folge der erheblich höheren Zuckerpreise auch die Preise für seine arabischen Süßigkeiten um 25 Prozent angehoben werden mußten. Innerhalb weniger Tage mußte er sich von einem Viertel seiner Belegschaft trennen. Sogar Kaugummi und Erfrischungsgetränke sind über Nacht teurer geworden. „Der Konsum muß eingeschränkt werden“, begründete ein Regierungssprecher die gewaltigen Preiserhöhungen.

Im April 1989 waren die Menschen im jordanischen Süden, ausgerechnet dort, wo das Königshaus seine solideste Machtbasis hat, wegen verschiedener Preiserhöhungen auf die Straßen gegangen, hatten den König gezwungen, vorzeitig aus den USA heimzukehren, und den Rücktritt des damaligen Premiers durchgesetzt. Nun richtet sich der Unmut nicht gegen die eigenen Politiker; zähneknirschend werden Engpässe und Preissprünge zur Kenntnis genommen, aber der Sündenbock sitzt im Ausland: „Die Amerikaner bestrafen uns für unseren proarabischen Einsatz“, will ein Beamter im Informationsministerium wissen.

Daß sie ihre Misere und den bevorstehenden, ja unausweichlich erscheinenden Kollaps ihres Landes Saddam Hussein und seinem Überfall auf Kuwait zu verdanken haben, nein, auch das wollen die meisten Menschen in Jordanien nicht einsehen. Schon wieder fällt das Stichwort Palästina: „Der Westen geht mit dem Irak ungleich härter als mit Israel um“, lautet die Antwort, von „doppelten Standards“ ist die Rede, auch von einer „bewußt feindlichen Haltung“ des Westens gegenüber der arabischen Welt. Tiefsitzende Verbitterung, die noch aus der Zeit herrührt, als Briten und Franzosen die politischen Geschicke dieses Teils der arabischen Welt bestimmten, auch der Neid der armen Jordanier auf die schwerreichen Araber am Golf, die „Ölmillionen in den Spielbanken Europas und mit leichten Mädchen verpulvern“, wie eine Zeitung feststellt, kommen in jeder Diskussion zum Ausdruck.

Andersdenkende lassen sich schwer ausmachen. Mussa Khalaf Fayad, Bürgermeister der südjordanischen Stadt Maan, wurde am Samstag vom Innenminister überraschend entlassen. Sein Vergehen: Vor wenigen Wochen hatte er Saudi-Arabien besucht, ohne die übergeordnete Behörde von seinen Reiseplänen zu informieren. Angeblich sollen er und einige Angehörige des zwölf Mitglieder starken Gemeinderates anschließend versucht haben, in dieser Stadt, die nur knapp 110 Kilometer von der Grenze zu Saudi-Arabien entfernt liegt, prosaudische Propaganda zu betreiben. Zwei Tage lang wurde Fayad vor seiner Entlassung aus dem Gefängnis vernommen. Wer Saddam Hussein nicht mag, setzt in Jordanien viel aufs Spiel.

Lafontaine, Dürrenmatt und der Zug der Zeit

Wann muß man wo auf- und wann wo herunterspringen? Wenn ein Dramatiker, zudem aus der benachbarten Schweiz, sich mit dem jüngsten Buch des deutschen SPD-Kanzlerkandidaten auseinandersetzt, gerät das fast zwangsläufig zu einer Meditation über praktische Vernunft und den „Weltinnenpolitiker“ aus dem Saarland.

Von KLAUS J. SCHWEHN

Der Autor der „Physiker“ und der gelernte Physiker, der Diskussionsbedarf um den rechten Fortschrittsbegriff, Meditationen um den „Zug der Zeit“ und wann man wo auf- oder herunterspringen soll: Friedrich Dürrenmatt würdigte gestern in Bonn SPD-Wahlkämpfer Oskar Lafontaine – nein, dessen jüngstes Buch „Deutsche Wahrheiten“, Untertitel: „Die nationale und die soziale Frage“. Vermutlich war es ein Zufall: Genau zu der Stunde, da der schweizerische Schriftsteller in Bonn Betrachtungen anstellte über neue Furcht, die viele im Ausland beschleiche angesichts des neu entstehenden größeren Deutschland – „Die Schweiz darf sich wieder fürchten“ –, da wurde in Zürich ein Umfrageergebnis der Zeitschrift „Brückenbauer“ veröffentlicht: „Befürchtet wird bei den Eidgenossen besonders ein Wiedererstarken nationalsozialistischer oder anderer rechtsextremer Tendenzen.“

Dem jedoch – so hat es Friedrich Dürrenmatt empfunden nach der Lektüre der Fahnenabzüge zu Lafontaines Buch –, steht der Sozialdemokrat entgegen, der „Weltinnenpolitiker“, der „saarländische Europäer“. Und das mit seiner Partei: „Sozialdemokratie als Korrektiv zum ungebremsten Kapitalismus“. In einer Mischung aus Nachdenklichkeit und oberlehrerhafter Vorlesung meditierte Dürrenmatt über den Begriff des Fortschritts, über den Zug der Zeit, in dem die „praktische Vernunft“ den Führerstand verlassen und dafür der „technische Verstand“ ziemlich ungebremst das Kommando übernommen habe.

Schweizerische, ausländische Befürchtungen. Hier hatte Lafontaine gestern im Bonner Tulpenfeld ein Prä angesichts seiner deutschland- wie europapolitischen Position, wie sie im Klappentext zum neuen Buch festgehalten ist: „Früher als andere Politiker hat Oskar Lafontaine erkannt, daß nationale Euphorie und pathetische Deutschtümelei nicht ausreichen, um die wirtschaftlichen und sozialen, die ökologischen und psychologischen Probleme der beiden deutschen Staaten zu lösen.“ Oder, wie er gestern in Bonn im Scheinwerferlicht erneut erklärte: Er sei (schon lange) auf einen anderen Zug anderer Qualität gesprungen; auf dessen Stirnfront das „Gott segne unser Vaterland“ nicht stehen könne. „Was ist Einheit? Was ist Nation?“ fragte Lafontaine gestern wieder.

Seine Haltung in dieser Frage, und das fiel manchem beim Sekt anschließend wohl ein, war erst jüngst in einem anderen Buch – seinerzeit über und nicht von Oskar Lafontaine – in einer Weise charakterisiert worden, daß der SPD-Politiker dem Autorenteam mehr als gram war und Hilfestellung bei der Präsentation verweigerte. In dem von dem sicherlich häufig auch schwadronierenden Autorenteam Werner Filmer und Heribert Schwan herausgegebenen Buch mit dem schlichten Titel „Oskar Lafontaine“ heißt es unter der Überschrift „Mann zum Rätseln“ in den Passagen über den Streit um die deutsche Einheit und den Weg dorthin:

„Mit dem Plädoyer für einen betont europäischen, internationalistischen Kurs hatte er (zu Beginn des Jahres) noch viele auf seiner Seite. Aber das Thema Nummer eins – Deutschland – machte er fortan nicht auch für sich zum Thema Nummer eins. Erst nach dem mühsam geborenen Entschluß, doch Kanzlerkandidat zu bleiben, ja, auch für die gesamtdeutsche Kandidatur zur Verfügung zu stehen, schien Lafontaine so weit zu sein, die veränderte Situation auch für sich innerlich anzuerkennen. Ob es ihm dabei nun um die Sache ging oder um machtpolitische Ausgangspositionen oder ob er beides auf untrennbare Weise miteinander verflocht – in diesem Moment war klar, daß die SPD mit Lafontaine in eine Krise gestürzt war ...“

Indessen, gestern, als Friedrich Dürrenmatt im Bonner Regierungsviertel seine Betrachtungen anstellte, machte der schweizerische Schriftsteller aus dem, was innerhalb der Bundesrepublik Deutschland zu einiger Unruhe und Irritation geführt hatte, für Lafontaine eine Tugend. Der „Weltinnenpolitiker“ mit der praktischen Vernunft plädiere gerade angesichts der deutschen Vereinigung für einen republikanischen, aufklärerischen, also „modernen“ Nationenbegriff. Denn ein „globaler Ansatz“ sei nötig, um die Probleme der Welt beherrschbar zu machen und damit in den Griff zu bekommen.

Das Image vom preiswerten Japaner ist bereits Vergangenheit

Bei den kleinen Stadtfahrzeugen, in der kompakten Mittelklasse und bei sportlichen Coupés haben die Japaner den Durchbruch auf dem deutschen Markt geschafft. Wie aber sind die Autos aus Fernost in Sachen Technik und Design, Qualität und Preis tatsächlich einzuordnen? Eine Bestandaufnahme zum Auftakt des 75. Automobilsalons in Paris.

Von HEINZ HORRMANN

Wie auf silbernen Flügeln schwebt das flunderflache Auto über steinige Pisten, beschleunigt, wo die Konkurrenz schon längst am Ende aller Möglichkeiten ist. Die Fahrer der europäischen Wagen sehen nur noch den matten Schein von Rücklichtern in einer Staubfahne.

Ein U-Boot taucht aus den Fluten des Ozeans auf, entpuppt sich als Limousine, rollt über die Wellen. Der unterlegte Kommentar: ein Traum von einem Toyota. Japanische Autos können alles – in der Werbung. Die Fernseh-Spots in Amerika, durch die Nippon-Produkte ins rechte Licht gerückt und Mitbewerber abgehängt werden sollen, sind spannend und aufregend wie Science-fiction. Einige werden jetzt in Europa uraufgeführt: an den Ständen des 75. Automobilsalons in Paris, der ab morgen für Fachbesucher und vom 4. bis zum 14. Oktober für alle geöffnet sein wird.

Der Erfolg fernöstlicher Autos auf dem US-Markt ist ein beherrschendes Thema auf der Branchenschau. In der jüngsten Zulassungsstatistik überholte Toyota erstmals einen der drei großen US-Hersteller im eigenen Land, nämlich Chrysler. Nachdem im Sauseschritt diese Ziellinie überrannt werden konnte, liegt nun verstärkt Europa im Visier. Und da die deutschen Hersteller auf diesem Kontinent die anerkannt besten sind, richten die Japaner ihr Qualitäts- und Leistungsdenken exakt nach ihnen aus. Für Ischiro Suzuki, den Chefkonstrukteur von Toyota, ist seine Marke bereits in allen Belangen perfekter als die deutschen Autos. Wo sind die Produkte der einzelnen Marken in den Bereichen Technik, Design, Qualität und Preiswürdigkeit tatsächlich einzuordnen?

In drei Modellbereichen ist den Fahrzeugen aus Fernost der Durchbruch auch auf dem deutschen Markt bereits gelungen: bei den kleinen Stadtfahrzeugen und der unteren, kompakten Mittelklasse und bei den sportlichen Coupés. Ganz aktuell feiern die familiengerechten Mini-Vans mit großem Raumangebot Auftragsrekorde. Toyotas Previa ist das Paradebeispiel. In der Oberklasse, die wegen des Profits energisch angesteuert wird, ist augenblicklich nur der Lexus im Gespräch, doch anders als in Amerika kann man von einem Durchbruch in Europa nicht sprechen. Die Begeisterung hält sich wahrlich in Grenzen.

Für dieses Fahrzeug gilt, was allgemein Gültigkeit hat: Mut zum außergewöhnlichen Styling zeigen die Fernost-Manager nur bei Prototypen. Der Uniformität in der Großserie steht schöpferische Vielfalt bei Styling-Studien gegenüber. Einige Beispiele für viele: der freche Pao, den Nissan baut, der Cappuccino, die Roadster-Idee von Suzuki, Nissans Chapeau als Hochdachtransporter mit nostalgischem Flair. Suzuki entwickelte für den Pariser Salon den Constellation, der vor High-Tech strotzt und eine atemberaubende Linienführung hat.

Den japanischen Autolinien im Limousinenbereich auf unseren Straßen fehlt dagegen jegliche Avantgarde. Hier regiert die Massenkonfektion der Großserie. Und wo die Formen europäisch ausgerichtet sein sollen, werden sie nach wie vor abgekupfert, nicht mehr so simpel wie vor 20 Jahren, als die Produkte „Made in Japan“ verwechselbare Kopien westlicher Vorbilder waren, aber dennoch konsequent. Der Lexus ist eine Mischung aus Mercedes und 7er-BMW, der neue Kult-Roadster Mazda MX 5, der hier so phantastisch ankommt, daß lange Lieferzeiten angesagt sind, ist dem Lotus-Klassiker Elan aus dem Gesicht geschnitten. Porsche stand mit seinen Modellen gleich bei mehreren Nippon-Sportwagen Pate.

Der Mazda Revue, ein Kompaktwagen, der für den Erfolg der Japaner in dieser Klasse steht. Großraumlimousinen: Fehlanzeige bei den Deutschen, Erfolgschance für Toyotas neuen Previa FOTOS: DIE WELT

Ganz anders ist die Situation im technischen Bereich. Aus den früheren Einfach-Autos, die als wichtigstes Argument ihre Preiswürdigkeit zeigten, haben die aufgeweckten Japaner in vielen Details Spitzenprodukte entwickelt. Japanische Techniker machten die Vierventiltechnik großserientauglich, riskierten aufwendige Fahrwerkselektronik, holten (zuschaltbaren) Allradantrieb und Turbolader in die Kleinwagen. Die Liste der technischen Leckerbissen läßt sich bis zur Allradlenkung beliebig verlängern. Eine Einschränkung muß allerdings gemacht werden: Der Feinschliff fehlt bei allen. Die Ergebnisse der spektakulären Elemente bleiben häufig unter den Möglichkeiten. Um das Optimale aus geballtem Know-how herauszuholen, fehlte es offensichtlich an Zeit und Erprobung. Gewiß wird sich das in Zukunft ändern, darauf muß sich die deutsche Industrie einstellen.

Die Sicherheitselemente wurden energisch verbessert. Dennoch ist das Ergebnis einer Bestandsaufnahme zur Zeit eher negativ. Der Münchener Unfallforscher und Sicherheitsexperte Professor Max Danner glaubt, daß die Hälfte aller japanischen Modelle, die zur Zeit auf dem deutschen Markt sind, noch nicht dem europäischen Standard entsprechen. Erst bei zukünftigen Neuheiten werde sich das gravierend ändern. Ähnlich ist die Situation bei der Reparaturfreundlichkeit. Bisher, so Danner, lägen Ersatzteilpreise und Reparaturkosten deutlich über dem Durchschnitt.

Die Preiswürdigkeit war der erste Schachzug einer wohldurchdachten Strategie zum Start auf dem deutschen Markt vor drei Jahrzehnten. Das Image vom „preiswerten Japaner“ versuchten die bedeutenden Marken ganz bewußt abzustreifen. Durch die Komplettausstattung haben Toyota, Nissan, Mazda oder Honda immer noch Vorteile. Sie sind aber längst nicht mehr so gravierend und werden durch einen immer noch schlechteren Wiederverkaufswert oft ausgeglichen.

Um die scharfen Konturen des Themas Preiswürdigkeit herauszuarbeiten, zwei Beispiele: Der Accord-Preis (Honda) hat sich in 13 Jahren mehr als verdoppelt. Die erste Generation kostete 1976 ganze 11 980 Mark, die Preisliste für dieses Modell beginnt heute bei 30 000 Mark. Ein BMW 520i kostet 42 600 Mark, der vergleichbare Nissan Maxima 42 595 Mark. Ein totes Rennen also, selbst wenn man unberücksichtigt läßt, daß der Münchener in der Detailverarbeitung, in der Karosserie und bei den funktionell gestalteten Bedienungselementen das überlegene Fahrzeug ist.

Zum Image: In der Automobilbranche wird vereinfacht immer wieder von den Japanern gesprochen, dabei sind die Unternehmen mit ihren Produktpaletten ebenso unterschiedlich wie Volkswagen und Porsche, Daimler und Opel. Das Offenbacher Forschungsinstitut Marplan hat für die „Auto Zeitung“ die aktuellen Werte ihrer Akzeptanz in Deutschland ermittelt. Danach ist Toyota in nahezu allen Punkten der Spitzenreiter. Die japanische Nummer eins, die ein Komplettprogramm einschließlich Sportwagen, Geländemodellen und Mini-Vans anbietet, hat bei deutschen Kunden das höchste Ansehen der Fernostmarken, wenn es um Qualität, Technologie-Standard, Design und Dynamik geht. Honda, früher anerkannter, mußte trotz Formel-1-Siegen deutlich Federn lassen. Auch Mazda, die bei den Deutschen bislang beliebteste Japan-Marke, hat an Image verloren, Nissan kommt trotz interessanter Neuheiten nicht so recht vom Fleck.

Die Japaner, auf dem „Mondial de L'Automobile Salon de Paris“ wie stets mit großer Aufmerksamkeit begutachtet, werden in der nächsten Zeit gewiß noch einmal zulegen und vor allem neue Ideen einbringen, um dem alten Traum ein Stück näherzukommen, Autos zu bauen, die selbst menschliche Fahrfehler ausbügeln können. Technische Darstellungen, wohl mehr für Experten, sind in Paris ausgestellt. Hier ist die schöne Welt des verchromten Scheins einer sachlichen Präsentation gewichen.

Die Deutschen geben sich zu Recht selbstbewußt. Doch seit sich die Japaner anschicken, keck an die Gefilde ihrer Prestigemarken vorzustoßen, wird an ihrem Thron gerüttelt.

Linke Seite: Der Flughafen München II Franz Josef Strauß im Eröffnungsjahr 1992. Schon im Jahr 1998 wurde auf dem damals zu den modernsten Flughäfen Europas zählenden Airport der hundertmillionste Passagier abgefertigt. Mit dem Bau eines zweiten Terminals, der 2003 fertiggestellt wurde, konnte die Abfertigungskapazität von 25 Millionen auf jährlich rund 50 Millionen Passagiere verdoppelt werden.

Unten: Nach 32 Jahren Bauzeit wurde am 25. September 1992 der umstrittene, fast sechs Milliarden teure Rhein-Main-Donau-Kanal in Bayern eröffnet; hier passiert der Schiffskonvoi mit Ehrengästen der Eröffnungsfeier die Schleuse Bachhausen. Dabei überwindet der Kanal einen Höhenunterschied von 24 Metern. Der 171 Kilometer lange Kanal ermöglicht Binnenschiffen die Fahrt von der Nordsee zum Schwarzen Meer.

DAS NEUE JAHRTAUSEND

Von Spritfressern und Biotreibstoff

Die Deutschen sind und bleiben Reiseweltmeister

»Verkehrsprojekt Deutsche Einheit Nr. 8«: Wie eine Mondlandschaft präsentiert sich 2007 das Baugelände am Südportal des Blessbergtunnels im Kreis Sonneberg in Thüringen. Zur Querung des Thüringer Waldes entsteht der mit über 8 Kilometer längste Tunnel der ICE-Strecke Berlin–München. Geplante Fertigstellung: 2017.

»Nur Fliegen ist schöner«: Das braucht man Schnäppchenjägern nicht zu sagen, die durch »Last minute«-Angebote in ausreichendem Maße befriedigt werden. Für wenige Euro kann man in viele Städte Europas fliegen. Doch die Lockangebote enthalten nicht die Gebühren, die zusätzlich entrichtet werden müssen.

Unten: Sensation: Das weltgrößte Passagierflugzeug, der Airbus A380, startet, von vielen Zuschauern beobachtet, am 28. März 2007 vom Flughafen München in Richtung Toulouse. Der Besuch in München bildete den Abschluss der Testflugserie; seit Oktober 2007 ist das Großraumflugzeug mit zwei durchgängigen Passagierdecks im internationalen Linienverkehr im Einsatz.

*Tausende von Zu-
schauern säumen
2007 den Emsdei
während das neu
Kreuzfahrtschiff
»AIDAdiva« auf
seiner Überführu
nach Emden die
Berghaus-Brücke
Leer in Ostfriesla
passiert. Das 315
lionen Euro teure
wurde auf der M
Werft in Papenb
gebaut.*

Linke Seite oben: Eine Maschine der Fluggesellschaft easyJet rollt auf dem Berliner Flughafen Schönefeld zum Start. Die Billigflotte gehört dem zypriotischen Geschäftsmann Stelios Haji-Ioannou, zu dessen Unternehmensgruppe auch die Kreuzfahrt-Reederei easyCruise und der Mietwagenanbieter easyCar gehören.

Unten: Fliegen ist alltäglich geworden. Hier besteigen Passagiere im September 2006 ein Flugzeug der Ryanair. Kurze Zeit später setzten die hohen Treibstoffpreise Europas größtem Billigflieger stark zu. Das irische Unternehmen berichtete im Februar 2008 über gravierende Gewinneinbrüche, die sich durch die Schwäche des Britischen Pfunds und eine mögliche Rezession noch verstärken könnten.

Links oben: Presse
abgeordnete von I
Christian Ströbel
Radfahrer – im A
kampfveranstaltu

Unten: Mitgliede
(VCD) demonstri
Berlin vor dem K
eines verbindliche
denkilometer auf
eine generelle Ges
würde zu einem l
mehr Verkehrssich

DIE AUTOREN

Rüdiger Dingemann (1951) und Renate Lüdde (Jahrgang 1955) wurden in Braunschweig geboren. Beide leben heute in Oberbayern und arbeiten als Sachbuchautoren sowohl für Print- als auch für Online-Medien. Renate Lüdde studierte Architektur. Der gelernte Verlagsbuchhändler Rüdiger Dingemann studierte Germanistik und Geschichte. Er arbeitete mehrere Jahre als Lektor und war Chefredakteur für die Microsoft Encarta Enzyklopädie. Beide haben bereits eine Vielzahl von Titeln zu zeitgeschichtlichen Themen veröffentlicht.

BILDNACHWEIS

Adam Opel AG, Rüsselsheim: S. 11, 31 l.; BMW AG, Historisches Medienarchiv, München: S. 31 r.; Deutsche Bahn Ag, Frankfurt: S. 56 u.l.; Deutsches Historisches Museum, Berlin: S. 21 u.; Gerd Blüthmann, Bremen: S. 14 u.; Gerhard Klammet, Ohlstadt: S. 33; Günter Korbel, Göttingen: S. 17 o.; Prof. Hans-Joachim Schreckenbach, Potsdam: S. 20 o.; Haus der Geschichte der Bundesrepublik Deutschland, Bonn: S. 25 o., 37 o.; Helmut Säuberlich, Wuppertal: S. 24 u.; Lufthansa AG, Frankfurt: S: 56 o.; Petra und Michael Grand, Kiel: S. 30 M.; Rudolf Heym, Ingersleben: S. 21 o., 56 u.r., 37 u.r.; Stadtbildstelle Essen: S. 32 o.; Stiftung Christliches Erholungsheim »Westerwald«. Rehe: S. 20 u.; TUI AG Firmenarchiv, Hannover: S. 17 u., 22 u.l., 23; Volkswagen AG, Wolfsburg: S. 16; Archiv DIE WELT, Berlin: S. 15, 29, 43, 57, 71, 85; Wortgetriebe, München: S. 30 l.
Alle anderen Abbildungen entstammen dem Archiv der Picture Alliance/dpa, Frankfurt am Main. Mehr unter: www.picture-alliance.com.

IMPRESSUM

Alle Angaben dieses Bandes wurden von den Autoren sorgfältig recherchiert und vom Verlag auf Stimmigkeit und Aktualität geprüft. Allerdings kann keine Haftung für die Richtigkeit der Informationen übernommen werden.
Für Hinweise und Anregungen sind wir dankbar. Zuschriften an den:
C. J. Bucher Verlag, Produktmanagement,
Postfach 40 02 09, D-80702 München,
E-Mail: lektorat@bucher-verlag.de
Produktmanagement und Bildgestaltung: Joachim Hellmuth
Band- und Reihen-Konzeption: Rüdiger Dingemann
Textredaktion: Dr. Cornelia Fischer, Nierstein
Cover- und Schubergestaltung sowie grafisches Konzept des Innenteils: Morgen – konzeption und gestaltung, Kai Dieterich, Berlin
Grafische Umsetzung: Comtex Büro für Medien- und Printdesign, Augsburg
Herstellung: Bettina Schippel
Repro und technische Produktion: Repro Ludwig, Zell am See
Printed and bound in Slovenia by MKT Print, Ljubljana
Die Deutsche Nationalbibliothek – CIP-Einheitsaufnahme
Ein Titeldatensatz ist bei der Deutschen Nationalbibliothek erhältlich.

ISBN 978-3-7658-1755-7

Blick auf das Wipptal und einen Teil der Brennerautobahn, die Ferienstraße nutzt einen seit der Römerzeit benutzten Weg. 1957 begann der Bau der Brennerautobahn A13, am 17. November 1963 wurde sie für den Verkehr freigegeben.

EREIGNISSE IN DER WELT		EREIGNISSE IN DEUTSCHLAND
Ägyptischer Präsident Anwar al-Sadat besucht Israel *Bürgerrechtsgruppe Charta 77 in Prag gegründet* *Amnesty International erhält Friedensnobelpreis*	1977	Bundesbahn mustert ihre letzte Dampflokomotive aus Deutscher Herbst: Höhepunkt des RAF-Terrors in Deutschland Wärmstes Weihnachten seit 100 Jahren
Das erste Retortenbaby der Welt in England geboren *Dreipäpstejahr: Tod Pauls VI.; Johannes Paul I. stirbt nach 33 Tagen; Johannes Paul II. wird Nachfolger*	1978	Kulturabkommen zwischen der BRD und Israel Deutschland wird zum zweiten Mal Handballweltmeister Herbert Gruhl gründet die Grüne Aktion Zukunft
NATO-Doppelbeschluss: Nachrüstung von Atomwaffen *Erste Direktwahl zum Europa-Parlament* *Islamische Revolution im Iran*	1979	Karl Carstens (CDU) wird Bundespräsident Mutterschaftsurlaub wird im Gesetz verankert Aus Grünen Listen entsteht die Partei Die Grünen
Gewerkschaft Solidarność wird in Polen gegründet *Tod des jugoslawischen Staatspräsidenten J. B. Tito* *Boykott der XXII. Olympischen Sommerspiele in Moskau*	1980	Gesetz über Gleichbehandlung am Arbeitsplatz Bombenanschlag auf dem Münchner Oktoberfest Erstmals Sommerzeit in der BRD und der DDR
Attentat auf Papst Johannes Paul II. in Rom *England: Hochzeit von Lady Diana und Prinz Charles* *Ermordung von Anwar al-Sadat in Kairo*	1981	Gewalttätiger Anti-Atomkraftprotest in Brokdorf Lebensmittelskandal: Winzer panschen Wein Fass ohne Boden: In der BRD steigt die Staatsverschuldung
Falklandkrieg *Beginn des Bürgerkriegs der Contras in Nicaragua* *Verbot der polnischen Gewerkschaft Solidarność*	1982	Misstrauensvotum: Helmut Kohl (CDU) wird Bundeskanzler Erstes deutsches Retortenbaby wird in Erlangen geboren Sitzblockaden gegen die NATO-Nachrüstung in Mutlangen
Beendigung des Kriegsrechts in Polen *Tödliche Seuche AIDS breitet sich aus* *Proklamation der »Türkischen Republik Nordzypern«*	1983	Ulf Merbold fliegt als erster Bundesbürger ins All Bonner Demonstration gegen NATO-Doppelbeschluss Franz Josef Strauß verschafft der DDR einen Milliardenkredit
Ostblock boykottiert Olympische Spiele in Los Angeles *Olympische Winterspiele in Sarajevo* *Versöhnungsgeste zw. Kohl und Mitterrand in Verdun*	1984	Richard von Weizsäcker (CDU) wird Bundespräsident Waldschadensbericht: 50 % des dt. Waldes sind geschädigt Streiks in der BRD für die 38,5-Stunden-Woche
Michail Gorbatschow wird Generalsekretär der KPdSU *Tod von Albaniens Diktator Enver Hoxha* *Kreuzfahrtschiff »Achille Lauro« wird entführt*	1985	Boris Becker gewinnt zum ersten Mal Wimbledon Der neuartige Schnellzug ICE fährt 317 Stundenkilometer Fernsehserie »Lindenstraße« wird gestartet
Kernmodul der Raumstation »MIR« ins All geschossen *Reaktorkatastrophe von Tschernobyl* *Kurdenkonflikt im Irak*	1986	Die US-Raumfähre »Challenger« explodiert Ein neues Abfallgesetz in der BRD: Wiederverwertung Bundestag tagt wegen Umbau im Wasserkraftwerk
UdSSR und USA zeichnen Mittelstreckenraketen-Vertrag *Beginn der ersten Intifada in Palästina* *Michail Gorbatschow kündigt Perestroika an*	1987	Barschel-Affäre: Unfairer Wahlkampf in Schleswig-Holstein Mathias Rust landet mit einer Cessna auf dem Roten Platz Die Todesstrafe wird in der DDR abgeschafft
UdSSR beginnt mit dem Rückzug aus Afghanistan *Lockerbie: Anschlag auf eine Boeing 747* *Olympische Spiele in Calgary und in Seoul*	1988	Flugschau-Unglück in Ramstein: 70 Menschen getötet Steffi Graf gewinnt im Tennis alle vier Grand-Slam-Turniere Gladbecker Geiseldrama: Flucht vor Kamera und Journalisten
Slobodan Milošević wird Staatspräsident von Serbien *Václav Havel wird Präsident der Tschechoslowakei* *Peking: Massaker am »Platz des Himmlischen Friedens«*	1989	Ermordung des Chefs der Deutschen Bank, Alfred Herrhausen »Wir sind das Volk«: Montagsdemonstrationen in Leipzig Öffnung der Berliner Mauer und der innerdeutschen Grenze
Michail Gorbatschow wird Präsident der UdSSR *Apartheidsgesetz in Südafrika wird aufgehoben* *Schengener Abkommen wird unterzeichnet*	1990	3. Oktober: Deutsche Wiedervereinigung Deutschland wird zum dritten Mal Fußballweltmeister 35-Stunden-Woche im Öffentlichen Dienst
2. Golfkrieg: Irakische Truppen besetzen Kuwait *Auflösung der Sowjetunion* *Gletschermumie »Ötzi« wird gefunden*	1991	Der letzte Trabant (Trabbi) läuft vom Band Hauptstadtstreit: Bonn oder Berlin Ausländerfeindlicher Brandanschlag in Hoyerswerda
UN-Umwelt-Konferenz in Rio de Janeiro *Bürgerkrieg in Bosnien und Herzegowina* *Olympische Spiele in Albertville und in Barcelona*	1992	Erster UN-Einsatz der Bundeswehr Petra Kelly und Gert Bastian sterben gemeinsam Willy Brandt stirbt

Noch unterwegs auf der »Reichsautobahn«: Beim geringen Verkehrsaufkommen Mitte der 50er Jahre waren Fahrbahnmarkierungen überflüssig. 1953 war das deutsche Autobahnnetz 2130 Kilometer lang und wurde in den nächsten sieben Jahren um knapp 300 Kilometer erweitert.

EREIGNISSE IN DER WELT		EREIGNISSE IN DEUTSCHLAND
Juri Gagarin ist der erste Mensch im Weltraum	1961	Bau der Berliner Mauer
US-Invasionsversuch auf Kuba scheitert		Kindergeld wird in der BRD eingeführt
Kennedy und Chruschtschow treffen sich in Wien		Beginn des Conterganskandals
Kubakrise zwischen den USA und der Sowjetunion	1962	Sturmflut an der Nordseeküste
Beginn des Zweiten Vatikanischen Konzils in Rom		Adolf Eichmann wird in Israel hingerichtet
EWG führt eine gemeinsame Agrarpolitik ein		»Spiegel«-Affäre
John F. Kennedy wird in Dallas ermordet	1963	Beginn des Auschwitz-Prozesses in Frankfurt am Main
Sensationeller Postraub in England		US-Präsident John F. Kennedy besucht Berlin
Papst Johannes XXIII. stirbt; ihm folgt Paul VI.		Ludwig Erhard (CDU) wird Bundeskanzler
Cassius Clay (Muhammad Ali) wird Boxweltmeister	1964	Ankunft des millionsten Gastarbeiters in Deutschland
Chruschtschow gestürzt, Nachfolger wird Leonid Breschnew		Gründung der »Stiftung Warentest«
Olympische Spiele in Innsbruck und in Tokio		Willi Stoph wird Vorsitzender des Ministerrates der DDR
Erster Kosmonaut schwebt im Weltraum	1965	Die BRD kauft politische DDR-Häftlinge frei (bis 1989 33755)
Schwarzenführer Malcom X wird erschossen		Fernsehen: Der »Beat Club« wird zum ersten Mal ausgestrahlt
Ost und West rüsten mit Atomwaffen auf		26 Starfighter der deutschen Luftwaffe stürzen ab
Prinzessin Beatrix und Claus von Amsberg heiraten	1966	Große Koalition: Bundeskanzler Kurt-Georg Kiesinger (CDU)
Frankreich zieht sich aus der NATO zurück		In Rheinsberg geht das erste Atomkraftwerk der DDR in Betrieb
Vatikan hebt »Index der verbotenen Bücher« auf		Passierscheinabkommen für Härtefälle unterzeichnet
Erste erfolgreiche Herztransplantation	1967	Der Student Benno Ohnesorg wird in Berlin erschossen
Sechs-Tage-Krieg (3. Arabisch-Israelischer Krieg)		Start des Farbfernsehens
Rassenunruhen in den USA		Gesetz über die »Staatsbürgerschaft der DDR«
Prager Frühling wird gewaltsam beendet	1968	Die Mehrwertsteuer wird in Deutschland eingeführt
Martin Luther King und Robert Kennedy ermordet		Notstandsgesetze werden vom Bundestag verabschiedet
Olympische Spiele in Grenoble und in Mexico-City		Attentat auf den Studentenführer Rudi Dutschke
Die Besatzung der Apollo 11 landet auf dem Mond	1969	Gustav Heinemann (SPD) wird zum Bundespräsidenten gewählt
Woodstock Music and Art Festival in den USA		Sozial-liberale Koalition: Bundeskanzler Willy Brandt (SPD)
Jan Palach verbrennt sich auf dem Prager Wenzelsplatz		Start des Farbfernsehens in der DDR
US-Invasion in Kambodscha	1970	Herabsetzung des Wahlalters auf 18 Jahre
Schwarzer September: Palästinenseraufstand in Jordanien		Start der ARD-Fernsehserie »Tatort«
Bundesrepublik und Polen zeichnen Warschauer Vertrag		Willy Brandt kniet vor dem Denkmal des Warschauer Ghettos
Volksrepublik China in die UNO aufgenommen	1971	Machtwechsel in Ostberlin: Ulbricht übergibt an Honecker
Verbot der Zigarettenwerbung im US-Fernsehen		374 Frauen bekennen öffentlich: »Wir haben abgetrieben!«
Umweltorganisation Greenpeace wird gegründet		Willy Brandt erhält den Friedensnobelpreis
Club-of-Rome-Bericht »Die Grenzen des Wachstums«	1972	Attentat während der Olympischen Sommerspiele in München
Unterzeichnung der SALT-I-Verträge		Grundlagenvertrag zwischen der BRD und der DDR
Olympische Winterspiele in Sapporo		Heinrich Böll erhält den Literaturnobelpreis
Militärputsch in Chile	1973	Einführung der offiziellen Notrufnummern 110 und 112
Watergate-Affäre in den USA		BRD und DDR werden Mitglied der Vereinten Nationen
Jom-Kippur-Krieg (4. Arabisch-Israelischer Krieg)		Reform des Sexualstrafrechts in der BRD
Äthiopien: Kaiser Haile Selassie I. wird gestürzt	1974	Walter Scheel (FDP) wird Bundespräsident
Türkische Invasion auf Zypern		Helmut Schmidt (SPD) wird neuer Bundeskanzler
Ende der griechischen Militärdiktatur (seit 1967)		Deutschland wird zum zweiten Mal Fußballweltmeister
Ende des Vietnamkrieges	1975	Volljährigkeitsalter von 21 auf 18 Jahre gesenkt
Tod General Francos, Ende der 36-jährigen Diktatur		Bund für Umwelt und Naturschutz Deutschland e.V. gegründet
Beginn des Bürgerkrieges im Libanon		Der Bonner Bundestag beschließt das »Extremistengesetz«
Olympische Spiele in Innsbruck und in Montreal	1976	Schweden: Carl XVI. Gustaf heiratet Silvia Sommerlath
Dioxin-Unfall in Seveso		Selbstmord der RAF-Terroristin Ulrike Meinhof
Start des Basisblocks der Weltraumstation MIR		Pfarrer Brüsewitz verbrennt sich in der DDR